비 전 을 실 현 하 는 힘

강의력

최재웅
지음

PAUL & MARK

최재웅의 강의와
최재웅의 『강의력』을
추천합니다!

10년 가까운 세월 동안 천 여편 이상의 세바시 강연을 제작
했다. 내용 구성에서 강연에 이르기까지, 세바시 PD는 강연자
에게 조언자이자 코치가 된다. 그 사이 나는 좋은 강연을 하는
몇 가지 방법을 정리할 수 있게 됐다. 그러나 허무하게도 내가
정리한 내용이 이미 이 책에 담겨있다는 걸 알았다. 혹시 누군
가 세바시 강연자가 되고 싶다면, 이 책을 먼저 읽으라.

― 〈세상을 바꾸는 시간 15분〉 구범준 대표

2년 전 강사를 평가하기 위해 참관했다가 그 자리에서 그의 강의에 매료돼 착실한 수강생이 되었던 것이 최재웅 강사와의 첫 인연이다. 강의 평가를 해야 하는데 감히 평가할 수가 없었다. '더할 나위 없이 훌륭하다'는 표현이 가장 적합했다. '전문 강사에게 강의법을 가르치는 강사'라는 말이 허언이 아님을 확인할 수 있었다. 사람의 마음을 만지고 인생의 길을 찾도록 돕는 '진짜 강사'가 되고 싶은 이들에게 이 책을 권하고 싶다.

— 대신증권 역량개발부 권용범 부장

2013년 동유럽의 아프리카라 불리는 가난하고 작은 나라 몰도바에 이러닝 사절단으로 최재웅 대표와 10일간 다녀왔다. 몰도바의 교육 정보화 정책을 컨설팅하러 떠난 그 기간에 그의 국보급 교수법 강의와 제3세계 교육을 향한 열정을 직접 보고 들으면서, 초등학교 예비 교사들의 꿈과 비전을 돕는 꿈 교육자 Dream Educator로서 나 자신을 깊이 성찰하고 돌아왔다. 강의로 세상을 바꾸고자 하는 모든 예비 교사들에게 최재웅 대표의 이야기가 녹아 있는 이 책을 졸업 필독서로 추천하고 싶다.

— 청주교육대학교 한정혜 교수

최재웅 대표와의 만남에는 늘 감동과 여운, 그리고 기대감이 있다. 왜 그럴까? 그가 강의와 함께 끊임없이 자라고 있기 때문이다. 그의 강의는 한 번도 똑같은 적이 없다. 청중의 힘과 스토리에 따라 전달하는 순서, 방법, 내용 등이 달라진다. 그리고 강의가 끝나면 우리는 모두 한 뼘 정도 자라 있다. 강사로서 오랫동안 쌓은 그의 노하우가 담긴 이 책『강의력』은 힘 있는 강의를 만드는 그만의 방법을 구체적으로 안내하고 있다.

— 삼성인력개발원 송미영 과장

오랫동안 이런 책을 기다려왔다. 탄탄한 이론적 배경과 수많은 강의 경험에서 비롯된, 살아 있는 강의 스킬이 기막히게 어우러진 그의 교수법은 지금도 내가 강의를 준비할 때마다 빠짐없이 참고하는 레퍼런스이다. 언제나 진정성을 담아 사람들의 성장과 변화를 이끌어내려는 최재웅 강사의 사명감이 이 책에 고스란히 담겨 기쁘다. 강사의 길로 막 들어선 사람뿐 아니라 한 단계 도약하고 싶은 강사에게 필독서로 추천한다.

— LG인화원 기본교육팀 정희석 과장

2007년 어느 겨울날, 우리 신입 행원 연수가 정점으로 향해 갈 무렵 최재웅 대표에게 강의 진행을 처음 부탁하고 우려를 감출 수 없었다. 강의가 시작되자 인사를 마친 최 대표는 강단 왼쪽에서 오른쪽으로, 뒤에서 앞으로 정신없이 돌아다니며 강의를 진행했다. 멘트나 제스처 역시 그동안 만난 어떤 강사보다 독특해서 신입 행원들도 혼란스러워하는 눈치였다. 그에게 할당된 프로그램이 1박 2일간 밤낮없이 진행될 Market Place(모의경영게임)인 것을 생각하니 식은땀이 흘렀다. 그런데 강의를 듣던 신입 행원들의 열기가 시간이 갈수록 더해갔다. 최 대표는 청중을 자신의 강의에 몰입시키고 끌어들이는 것이 아니라 주인공으로 만든다. 진심을 전하고자 하는 모든 이에게 도움이 될 멋진 책의 탄생을 축하한다.

— 산업은행 최만식 부부장

호기심 많은 눈빛과 약간 수줍은 미소, 강의장을 서성이며 생각에 잠긴 모습. 최재웅 강사의 첫인상은 여느 강사들과 크게 달랐다. 강의가 시작되자 최재웅 강사는 강의장을 단번에 하나의 미장센으로 만들었다. 그의 강의는 생생한 스토리가 있는 한 편의 드라마였고 그와 함께 있는 우리 모두는 그 호흡에 흠뻑 빨려 들어가서 같이 움직이고 같이 호흡했다. 그리고 그의 노하우를 모두 흡수할 수 있었다. 그런 강의장을 꿈꾸는 모든 강사와 청중에게 『강의력』을 추천한다.

— 『여자, 남자의 야망을 질투하라』의 저자, SK텔레콤 박민희 매니저

한국IT비즈니스진흥협회 상근부회장으로 근무할 때 저자의 교수법 강의를 처음 접하게 되었다. 그의 강의실은 항상 시끌벅적하면서도 열정과 감동이 넘쳤고 강의가 끝난 뒤에도 그를 향한 질문이 멈추지 않았다. 사람들에게 감동을 전하는 열정 어린 강의를 찾아보기 어려운 요즈음 이 책이 교수, 기업체 임원, 정치인뿐 아니라 취업 준비생에게도 많은 영감을 줄 것이라고 생각한다.

— 에너지관리공단 이규태 감사

강의장을 놀이터로 만들어버리는 능력이 있는 최재웅 강사. 그에게는 강의를 '교육'이라기보다 '경험'으로 받아들이게 하는 힘이 있다. 처음 최재웅 대표의 강의를 듣고 교육장 문을 나서는 순간, 얼굴 한가득 함박웃음의 에너지를 품고 돌아가던 청중을 기억한다. 고명 하나하나 정성껏 올려 저마다의 고유한 맛이 어우러지게 만든 비빔밥처럼 청중 한 사람 한 사람의 경험을 모으고 모아 함께 스토리를 만들어가는 강의를 꿈꾸는 분들에게 이 책을 추천하고 싶다.

— 구찌그룹코리아 지현정 과장

최재웅 대표와 7~8년 전부터 진행해온 2박 3일 사내강사 양성과정은 항상 강의 만족도가 만점인 명품 강의 과정이다. 매번 연수가 끝날 때마다 남다른 자신감으로 연수원을 떠나는 연수생들의 만족감을 더 많은 사람과 함께 누리게 되었다고 생각하니 누구보다도 기쁘다. 이 책을 읽는 모두가 강사가 되지 않더라도 자신의 비전을 세상과 공유함으로써 주도적인 삶을 발견할 수 있으리라 확신한다.

— KB국민은행 인재개발부 문희 차장

강의가 학생들에게 100퍼센트 전달되고 학습되는 방법을 찾아 헤매고 있을 때 최재웅 강사를 만났다. 그의 교수법은 달랐다. 그의 강의에서, 교수가 제공하는 구조화된 전달식 강의가 아닌 학생들이 적극적으로 강의에 참여하도록 이끌어내는 놀라운 모습을 목격하였다. 그가 학생들과 함께 배움을 만들어가는 과정을 보면 '강의는 곧 최재웅의 삶'임을 확인할 수 있다. 이 책은 그의 도전과 열정의 집합체이다. 강의법에 목말라 있는 선생님들과 인생의 나침판을 찾지 못하고 방황하는 학생들이 이 책을 통해 세상을 깨칠 수 있기를 기대한다.

— 인제대학교 취업진로처 변학수

최재웅 대표의 책을 펼치니 벌써부터 청중의 목소리가 들려오는 듯하다. 두 손을 모으고 두 눈을 반짝이며 청중과 함께 그를 향해 "기대돼요!" 하고 외치고 싶다. 최재웅 대표의 교수법 강의를 처음 듣고부터 우리 회사의 전 직원 교육을 진행하기까지 꿈꾸게 하고 심장이 두근거리게 해준 모든 순간을 기억하며, 많은 분에게 이 책을 소개하고 싶다.

— 오덕 경영지원팀 유재희 과장

『강의력』은 진심과 열정을 통해 나 자신을 찾아가는 데 매우 중요한 기회를 제공한다. 교육 담당자로서 저자를 만나면서 교육 운영의 고충과 강사로서의 어려움에 관한 해결 방안을 찾았고 성장할 수 있었다. 이 책은 진정한 나를 찾는 가이드이자 실천하고 행동하게 만드는 열정 백서와 같다. 자신의 열정과 역량을 발견하고 구체화하고 싶은 모든 사람에게 이 책은 반드시 숙지해야 할 필수과목과 같다.

— 넥센타이어 임광현 대리

수많은 강사 중에서도 내가 만난 최재웅 대표는 가짜가 아닌 진짜 이야기를 강의하는 몇 안 되는 강사 중 한 명이다. 이 책을 읽으면서 그동안 만났던 강사 최재웅을 넘어서 그의 인간적 면모를 확인할 수 있어서 감동적이었다. 인간 최재웅은 진짜 스토리텔러가 되는 길을 제시한다. 『강의력』은 강사뿐 아니라 세상에 하고 싶은 이야기가 있는 사람이라면 누구나 꼭 읽어봐야 할 책이라고 생각한다.

— 삼성SDS 교육컨텐츠개발 그룹 김지혜 대리

삶 속에서 치열하게 비전을 실현하는 최재웅 대표의 이야기는 각박한 현실에서도 꿈의 씨앗을 품고 살아가려는 젊은이들에게 진정한 위로와 도전이 된다. 무너진 곳을 다시 세우고Rebuild, 파괴된 기초를 다시 쌓고Raise up, 수보하고Repair, 길을 수축하는 Restore 4R의 역사를 되살리는 데 동기부여가 될 만한 책이어서 추천한다. 좋은 책으로 한동의 귀한 가치, 'Why not change the world'를 실현하는 동문님을 진심으로 축복한다.

— 한동대학교 김영길 총장

이 책의 저자 최재웅은 내 핸드폰에 '최고 사장님'이라고 저장되어 있다. 그는 나에게 최고를 가르쳐준 사람, 나도 모르는 나를 이끌어준 사람, 그래서 내가 나다운 삶을 살 수 있도록 가르쳐준 스승, 최재웅 사장님이다. 이 책은 세상을 바꾸기에 앞서 당신 앞의 한 사람을 바꾸는 것에 관한 지독하고 징한 경험담이

기도 하다. 최고가 아니면, 그분은 나에게 이 책을 읽으라고 하지 않으셨을 것을 믿기에 새로운 세상을 꿈꾸는 당신에게도 권한다.

— 『기획의 정석』의 저자, 폴앤마크 연구소 박신영 소장

나는 공무원이다. 그리고 강의하는 사람이다. 원칙과 표준에 맞는 강의를 꿈꾼다. 강의는 이제 내 삶의 일부이지만 한동안 스트레스로만 여긴 때도 있다. 그러다 최재웅 대표를 만나면서 잘하고 싶다는 꿈과 도전이 내 안에서 들끓기 시작했고, 나는 달라졌다. 청중의 마음을 진심으로 움직이고자 한다면, 강의 속에서 진정한 나의 모습을 찾고자 한다면, 최재웅 대표의 『강의력』이 그 비밀의 열쇠가 될 것이라고 생각한다.

— 부산지방우정청 이정희 주무관

스마트 혁명과 웹 기술의 발달은 누구나 세상의 주인공이 될 수 있는 놀라운 기적을 보여주고 있다. 누구나 무대에 서서 시대를 이끄는 탁월한 강사가 될 수 있는 지금, 이 책이야말로 우리 모두가 한번쯤 읽어봐야 할 내용을 담고 있다고 믿는다. 강사에게 필요한 탁월한 스킬뿐 아니라 진심과 열정의 중요성을 알려주는 이 책을 자신 있게 추천한다.

— 『지겹지 않니 청춘 노릇』의 저자, 핸드스튜디오 안준희 CEO

세상을 바꾸는 강의를 꿈꾸다

사람들은 결과만 원한다.

학벌을, 재산을, 경력을, 외모를 원한다.

결과가 어떻게 나오는지를 배울 시간이 없다.

그런 줄 알았다.

그래서 강의장의 청중에게도 결과, 가진 것을 이야기했다.

가진 것이 마땅치 않으면 만들기라도 해야 하는 것이

세상이라고 생각했다.

그래서

만들어서라도 말했다.

반응이 신통치 않았다.
더 대단한 결과를 듣기 원하는 줄 알았다.
더 열심히 결과를 만들려고 애썼다.

그래도 반응이 신통치 않았다.
시간도 투자했고, 공부도 했고, 땀도 흘렸는데
청중석에는 고요만 감돌았다.

우리 부모님은 좋아했다.
내가 만든 결과, 내가 이룬 것들, 내 자랑.

한참이 지나고 나서야 알았다.
나는 청중을 모른다는 것을.

한참이 지나고 나서야 알았다.
청중은 진심에 반응한다는 것을.

청중은
자랑보다는 희망을
성취보다는 극복을
부유보다는 바람을

결과보다는 과정을
바란다.
강의를 통해 꿈꾸고 싶어 한다는 것을 알았다.

얼마 되지 않았다.
청중을 이해하기 시작한 지.

아버지 회사가 어려워져서
어쩔 수 없이 시작한 강의.
이제
모든 것을 걸고 하는
강의.

나는 믿는다.
진심 어린 강의를 통해
세상이 바뀐다는 것을.

나는 믿는다.
진짜 '제대로' 된 강사가
세상에 꼭 필요하다는 것을.

나는 안다.

우리 모두

바라고

꿈꾸고

희망하며 살기를 원한다는 것을.

내 경험이

그대에게

꿈꾸고

바라고

희망하며 살게 하기를 소망하며.

저자 서문

이 **책**을 누가 **살까요**?

"이 책을 누가 살까요? 정말 팔렸나요?"

『강의력』이 출판되고 나서 제일 많이 했던 말이다. 번역서 이후 처음으로 내가 쓴 이야기가 출판되고, 독자가 아닌 작가가 되고나서의 생경한 기분은 참 어색하기 이를 데 없었다. 책 덕택에 방송 촬영도, 새로운 기회도, 연락도 많이 오기 시작했다. 다시 돌아봐도 가슴 뛰는 생경한 경험이었다. 책을 내는 경험은 마치 '내 아이'를 출산하는 경험에 비유할 만하다고 편집자님께서 이야기해 주셨는데, 정말 그랬던 것 같다. 정말 이 아이가 태어난건지 신기해하는 초보 부모였다.

시간이 지나면서 나는 내 책을 다시 바라보기 시작했다. 그리고 책을 없애고 싶었다. 무엇보다 첫 번째 다가온 감정은 '부끄러움'이었다.

30대 초반의 이 청년은 지금 내가 바라보니 좋게 말해 감당이 안되는 '자신감'에 넘쳐 있다. 인생에 어려움도 있었던 것 같지만, 그의 인생은 꽤나 성공적으로 살아온 모양이다. 이제 40대 중반에서 바라보는 30대 중반의 최재웅 작가는 좀 거칠게 말하자면, 너무 스스로에 취해 있다는 생각이 든다.

그 생각이 들고 얼마 안되어 책을 절판시켰다. 좀 겸손히 차근차근 책을 다시 쓰고 싶다는 생각이 들었다.

그래서 회사 동료들의 도움을 받아 '폴 클래스'라는 강의력 클래스를 만들었다. 목표는 최재웅의 '강의력 부시기'(?)였다. 1년간 강의를 녹취하고, 필사하며 미션을 마치고 드디어 떨리는 마음으로 책을 다시 쓰기 시작했다. 이 '시건방진' 30대 최재웅의 이야기를 뒤집어엎겠다는 다부진 생각으로 식사도 잊고 글을 적었다. 부족한 내 모습을 바꿀 수 있다는 통쾌함이 쾌감으로 다가왔다. 『강의력』의 원본은 흔적도 없이 사라지고, 거의 새 책이 쓰이고 있었다.

그런데 지워가며 잊히는 30대 최재웅의 마음이 책을 통해 전달되기 시작했다. 30대 최재웅 강사같은 마음이 없다면, 40대 최재웅 강사도 없었을 것이다. 이 사실을 문득 깨달았다.

부족하고, 자기에 취해 정신없이 달린 최재웅 강사의 이야기가 현재 강의를 시작하는 혹은, 꿈꾸는 사람들에게는 도리어 도움이 될 것이라는 마음이 들었다. '1년을 준비했는데 도돌이표인가?'라는 생각이 들었으나, 그래도 이 친구를 지워버릴 수는 없었다.

『강의력』 출간 이후 하고 싶은 이야기들을 하기 위해서, 지금 내 성장을 보여주기 위해서 이 친구를 지워버릴 수는 없는 것이다. 부끄러운 과거가 오늘날의 자양분인 것을 부인할 수는 없으니까 말이다. 그리고 30대의 최재웅 강사도 꽤나 흥미롭고 재미있다. 저 자신감은 사실 부럽기도 하다. 아마 저런 정신력 때문에 책에 적혀 있는 많은 일들을 해냈음 역시 부인할 수 없다.

그래서 내 최초의 책 『강의력』을 다시 내기로 결정했다. 세상은 더 급격히 바뀌고 있고, 더 많은 사람들이 자신의 이야기를 세상에 표현하고 싶어한다. 학문보다는 경험적 성장에 의지한 강의하는 법, 『강의력』이라는 책 하나쯤 서점 한 귀퉁이에 꽂혀 있어도 괜찮을 것 같다는 생각이 들었다.

더불어 그 30대의 최재웅을 응원해준 수많은 담당자님들의 뜻을 '절판'시킬 수는 없었다. 감사함으로 다시 책을 출판한다. 이번에는 기념처럼 폴앤마크에서 출판한다.

부디, 책의 생명력이 많은 이들에게 전파되기를 기도한다. 마지막으로 사랑하는 나의 가족. 이 책에 생명력을 불어넣어 준 나의 아내 김명미와 어떤 모습이어도 나를 기뻐해주는 나의 작은 아이들, 수현이와 소원이에게 감사를 전한다.

2020년 3월
최재웅

차 례

CHAPTER
1

누구나 하고 싶은 이야기가 있다

강의는 숨어 있는 내 목소리를 찾는 과정이다.

친구들과의 수다나 업무 보고, 학교 과제 발표와는 전혀 다른.

대중 앞에서 자신의 목소리를 발견하는 것이다.

자신의 리더십을 실체화하는 과정이 바로 강의이다.

강의는 나 혼자 만드는 프레젠테이션이 아니다. 청중과 함께 만들어가는.

대중 앞에 선 내 심장의 목소리다.

01

내가 만들고 싶은 강의는 **무엇인가**

얼마나 왔을까? 평생 올 거라고 상상도 하지 못했던 적도의 땅이 눈앞에 드러나기 시작했다. 에콰도르의 수도 키토Quito, 드디어 비행기가 착륙했다. 공항에 발을 내딛자 숨쉬기가 어렵고 현기증이 났다. 그제야 이 나라 수도가 해발 2,800미터가 넘는 곳에 있다고 얼핏 들었던 기억이 났다.

폴앤마크를 만든 지 3년 남짓 되던 어느 날, 10평 오피스텔에서 함께 꿈을 키우다 해외 봉사단 코이카KOICA에 지원한 임지성 군에게서 연락이 왔다. 에콰도르의 교육을 재정비할 수 있는 사람을 소개해 달라고 했다. 재정도 없고, 너무 멀어서 나에게는 차마 부탁할 수 없다고 했지만 나는 가고 싶다고, 괜찮다면 돕고 싶다고 했다. 우연의 일치였을까? 그 무렵 나는 회사 설립 당시 적어두었던 나의 꿈을 되새기고 있었다. '제3세계 교육 원조'라는 꿈을 이루기 위해 이곳저곳 연락을 취하고 있던 때였다. 10여 년 전 그 꿈을 함께 이야기했던 임지성 군이 에콰도르 교육부에 나를 추천했다.

몇 달 뒤 나는 에콰도르 교육부의 초청으로 수도 키토에 발을 디뎠다. 사실 그때까지만 해도 아마존의 열여섯 부족 선생님들을 가르치게 될 줄 몰랐다. 언어부터 피부색, 문화, 음식까지 모든 것이 낯선 곳에 왔다는 사실이 그제야 실감이 나면서 갑자기 떨리기 시작했다. 겁 없이 무작정 가겠다고 했던 나 자신이 미워졌다.

에콰도르 현지 행사를 주최한 코이카 친구들을 공항에서 만났다. 그들은 내가 하는 강의가 가져올 변화에 나보다 더 기대에 차 있었다. 나를 부르기 위해 애쓴 분들에게 폐가 되지는 않을까 하는 미안한 마음에 한국에서 가져온 선물들을 풀어놓았지만, 그래도 맘이 편치는 않았다. 정말 하고 싶던 일을 할 수 있는 꿈의 장소에 와 있지만 나는 집으로 돌아가고 싶었다. '내가 그들 앞에서 얼마나 대단한 이론을 이야기할 수 있을까',

'해발 2,800미터를 견디지 못하고 멀미만 하다가 돌아가는 사람도 있다는데 나도 그러면 좋겠다'는 생각마저 들었다. 그 상황이 차라리 꿈이기를 바라는 긴장감이 극도에 달했을 때 나는 이미 침대에 쓰러져 있었다.

다음 날 저녁은 첫 강의가 있는 날이었다. 내가 강의장에 도착했을 때에는 에콰도르 교육부 소속 청중이 이미 와 있었다. 나는 괜히 숨도 차고 배도 슬슬 아픈 것 같았는데, 내 강의를 들으러 찾아준 사람들의 기대에 찬 얼굴을 보니 정신이 들었다. 코이카 이민규 군의 통역으로 강의를 시작했다. 교육법에 대해 한참 이야기하다가 한국 교육에 대한 질문을 받았다. 그리고 나에 대해, 내가 받은 한국 교육에 대해 그들이 물어보기 시작했다. 4시간밖에 자지 못하는 한국 고등학생 이야기를 하다가 내가 겪은 한국 교육으로 이야기가 넘어갔다.

이야기가 무르익자 나 때문에 너무나 고생하신 부모님 이야기, 평생 나 하나만을 위해 산 우리 엄마, 아빠 이야기가 흘러나왔다. 내가 대학을 졸업할 무렵 아버지 사업이 어려워졌다. 아버지는 내게 전화해서 "더 이상 도와주지 못해 미안하다"고 말했다. 전화선을 타고 작은 흐느낌이 전해졌다. 그때 난생 처음으로 아버지의 눈물을 보았던 이야기를 하다가 나도 모르게 눈물이 고였다. 평생 모든 것을 주고도 미안해하는 우리 부모님 이야기는 에콰도르 사람들도 울렸다. 그리고 모든 것이 바꿰었다. 우리는 함께 에콰도르의 교육을, 미래를 다시 이야기하기 시작했다.

그처럼 모든 일의 시작은, 모든 강의의 시작은 아주 작은 '진짜 나'에서 시작한다. 나를 꾸미기 시작하면 진짜 내 이야기를 할 기회를 잃어버리게 된다. 세상을 바꾸는 이야기도 결국은 '나'로부터 시작된다.

사람은 저마다 하고 싶은 이야기가 있다. 이야기를 시작하기까지 너무 떨릴 뿐이다. 마치 내가 에콰도르에 도착해서 집에 가고 싶었던 것처럼. 에콰도르 원주민이 낯선 청중이어서가 아니다. 내 이야기를 듣는 청중은 누구라도 말이 통하지 않는 외국인과 같다. 그래서 첫 강의 무대에 오르기 직전까지 그만두고 싶은 마음, 금방 깨는 꿈이었으면 하는 생각이 드는 것도 당연하다. 누구나 그렇다.

다른 사람의 이야기는 대단한 것 같고 자신의 이야기는 초라한 것 같은 마음에서, 작아지는 자신이 싫어서 강사들은 정말 하고 싶은 이야기보다는 자랑을 늘어놓기 시작한다. 자식을 자랑하고, 성취를 자랑하고, 자신이 가진 보석을 자랑하고, 차를 자랑하고, 과거를 자랑한다. 그러다가 허풍도 떨고 거짓말도 하게 된다. 그런데 그렇게 되면 청중과는 점점 멀어지게 된다. 강의의 진정한 즐거움을 잃어버리게 된다. 강의는 하나의 일이 되고, 하고 싶은 이야기가 무엇이었는지도 잊어버린다. 어른이

사람은 저마다
하고 싶은 이야기가 있다.
이야기를 시작하기까지
너무 떨릴 뿐이다.

되어버린 슬픈 피터팬이 되고 만다.

누구나 강의의 주인공이 될 수 있다. 그것이 나의 믿음이다. 단, 강사가 되기 위한 첫 번째 원칙은 강의하고 싶은 마음이 간절해야 한다는 것이다. '진짜' 강사가 되면 많은 것을 얻게 된다. 수많은 사람과 나누는 따뜻한 공감, 위로, 그리고 가르침의 기쁨과 스스로에 대한 만족감. 무엇보다 강사 자신이 강의의 가장 큰 수혜자이다.

내가 비공식적으로 프로 강사로 첫발을 내딛은 강의는 국내 최대 회사인 S 전자의 팀장들을 대상으로 한 리더십 강의였다. 주제는 5단계 리더십. 당시 사장님이었던 강사가 리더십 강의를 하는데, 뭔가 잘 안 풀리고 있었다. 리더십의 4단계, 인재를 양성하는 단계를 설명할 때 지친 표정으로 도움을 요청했다. 쉬는 시간을 주라는 뜻인 것 같았다. 그런데 리더십 강의 프로그램 개발에 주도적인 역할을 맡은 나로서는 강의가 너무 하고 싶어서, 사장님이 설명하지 않은 부분을 채우고 싶어서 사장님의 지시를 잘 못 알아들은 척 강의를 시작했다. 내가 가장 잘할 수 있는 우리 아버지 이야기. 아버지가 어떻게 나를 키웠고, 집이 경매에 넘어갈 위기에서도 나를 감싸 안은 아버지의 리더십에 조직의 리더십을 연결해 이야기했다. 아버지인 여러분 모두 팀원을 양성하는 좋은 리더가 될 수 있다는 요지였다. 머릿속으로는 훌륭한 진행이었다. 하지만 강사 입장에서 입을 떼고 나서야 알았다. 자신감과 현실은 다르다는 것을. 우리 아버지 이야기라면 진짜 내가 하고 싶은 이야기니까 남들도 다 들어줄 줄 알았다. 그런데 결과는?

누군가는 들어주었지만 누군가는 풋내기 20대 강사의 이야기를 어이없어했다. "넌 누구니?" 하고 말하고 싶은 표정들. 그리고 청중의 엄청나게 무시시한 포스에 눌려 순식간에 등에서 땀이 그렇게 많이 날 수 있다는 사실을 처음으로 알았다. 강의가 끝났는데도 긴장감으로 손에는 부들부들 여진이 남아 있었다. 그렇게 스물여덟 살 풋내기 강사의 손에 땀을 쥐게 하는 첫 번째 강의가 끝났다. 2시간처럼 지나간 20여 분이 흐른 뒤에도 사장님의 분노 어린 표정 같은 건 안중에 없었다. 아무것도 보이지 않았다. 혼나는 것도 뒷전이었다. 다른 강사들의 강의를 보면 별것 아닌 것 같았는데 나는 왜 안 됐을까? 내가 정말 하고 싶은 이야기였는데 왜, 뭐가 부족했을까?

이제 막 강의 무대에 오른 또 다른 최재웅에게 해주고 싶은 이야기가 정말 많다. 차비도 없이 강의할 곳을 찾아다니던 열정 넘치는 그 친구를 도와주고 싶다. 강의를 잘하고 싶었다. 세상 사람들에게 내가 얼마나 강의를 하고 싶은지 말했다. 프로 강사로 나서고 처음 4년 동안 수익이 거의 없었는데도 끊임없이 강의를 하고 싶다고 했다.

지성이면 감천, 기적이 일어났다. 첫 회사에서 리더십의 대가

존 맥스웰John Maxwell을 한국에 초청하기로 했다. 행사 총괄팀장이 된 나는 며칠 동안 맥스웰을 수행하며 리더십에 대한 대화를 나누는 기적 같은 기회를 얻었다. 첫 회사의 파트너 회사로 만난 세계적인 강연 기관 QLNQuantum Learning Network 아카데미의 대표 조 채펀Joe Chapon은 돈이 없어 미국에 가서 강사 과정을 듣지 못하는 나를 위해 기꺼이 비행깃값과 교육비, 숙박비를 지불하겠다며 나를 미국으로 초청해주었다. 한국에서 강의로 만났던 논버벌 퍼포먼스 「스톰프STOMP」의 글로벌 리더이자 리더 강사였던 엘리자베스 비도스Elizabeth Vidos는 강의를 통해 세상을 바꾸고자 하는 나의 진심을 응원하고 싶다며 뉴욕으로 돌아가는 것을 포기하고 한국에서 나를 가르쳤다. 거기서 끝이 아니었다. 『퀀텀 교수법Quantum Learning』의 저자 바비 드포터Bobbi Deporter, 최고의 마스터 강사 에이미 스미스Amy Smith를 비롯해 싱가포르 ML Coaching의 대표 마크 류Mark Liew, 『수업혁명』의 저자 에릭 젠슨Eric Jensen의 강의를 듣고, 교수법의 대표 학자인 버니스 매카시Bernice Mccathy에게 교수법을 배웠다.

　이제 나는 강사에게 교수법을 가르치는 강사로 꽤 이름을 알렸다. 나의 시작을 돌아보면 내가 지금 강의하는 것 자체가 기적이다. 기적은 간절히 바라는 자에게 온다. 누구나 하고 싶은 이야기가 있다. 누구나 강의할 수 있다. 단, 강의하는 법을 알아야 제대로 된 강의를 할 수 있다.

세상을 움직일 거대한 이야기가 아니어도 좋다. 많이 배웠다고 강의를 잘하는 것이 아니다. 사람들 앞에 서는 것을 즐기는 사람만이 강의의 주인공으로 빛나는 것은 아니다. 당신 안에 있는 이야기를 내놓자. 나는 이 책을 통해 간절하게 강사를 꿈꾸는 당신과 함께 그 이야기를 어떻게 내놓을지 같이 고민하고 도울 것이다. 사람을 변화시킬 강의를 꿈꾸던 예전의 나를 잊지 않고 이제 당신을 돕고 싶다. 자, 당신이 정말 하고 싶은 이야기는 무엇인가?

02

내 안의 강의 재능을 이끌어내라

"다시는 앞에 나와서 노래하지 말게!"

신입 사원 연수를 가는 버스 안에서 억지로 시킨 노래를 겨우 끝낸 뒤 부장님에게 그런 말을 들었다면 기분이 어떨까. 7년 전 쯤 내가 처음으로 강의를 코칭했던 W 은행의 부행장이 신입 사원 때 겪은 실화다.

강의 코칭을 받으러 온 60대 어른이 내게 처음으로 털어놓는 다며 했던 이야기. 그 뒤로는 무슨 발표만 하면 손과 목소리가 떨려서 사람들 앞에서 말하는 것은 상상도 못 하는 일이 되었다고 했다. 그리고 수십 년간 최선을 다해서 지금의 위치에 올라왔고 모든 것에 만족하지만 자신을 가장 괴롭히는 일은 아직도 발표란다. 전국 지점장 대상 강의, 직원 대상 훈화, 노조와의 대화는 물론 자주 있는 회의에서도 마음속에 있는 말을 어떻게 전할지 몰라 전전긍긍하다가 급기야는 나를 찾아온 것이다.

내게 강의 코칭을 받으러 오는 분들의 상당수는 상처 받은 영혼이다. 강의 시연을 한 뒤 면박을 받고 겉으로는 웃지만, 마음속 깊이 상처가 남아 다시는 강의하고 싶어 하지 않는 사람들이 굉장히 많다.

아이가 어떻게 걷게 되는지 떠올려보자. 아이는 걸을 시기가 되면 일어나려고 애쓴다. 열심히 일어나려고 애쓰다가 그만 넘어지고 만다. 그때 아이 아빠가 "이런 바보 같은 자식아! 그것 하나 붙잡고 일어나지 못하면 어떻게 걸을 수 있겠어? 내 아들이 넘어지다니, 정말 네가 부끄럽구나. 차라리 다시는 일어서지 마라. 너에게는 걷는 것 자체가 사치다!"라고 말한다면 아이의 미래는 어떻게 될까? 그 아이는 걸을 때마다 아빠가 한 말이 생각날지 모른다. '나는 걸을 가치가 없는 아이야'라고 생각할지도 모른다. 설사 육상 선수의 재능을 타고 났다 하더라도 그 아이는 자기 재능을 썩힐지 모른다.

60대 부행장님은 어떻게 되었을까? 우리는 3개월 동안 한 주에 두 번씩 만났다. 매번 내가 있는 허름한 사무실까지 친히 기사를 대동하고 와서 2시간 30분 정도 강의 코칭을 받았다. 그 기간에 실제로 내가 한 것은 마음의 치료였다. 구체적인 강의 기술도 가르쳤지만 그보다는 마음속 깊이 숨어 있는 자신감을 찾아내는 것이 목표였다. 하루는 갑자기 부행장님이 어린 시절 이야기를 꺼냈다.

"생각해보면 나는 참 말을 잘했던 사람이었지. 내가 이야기하면 늘 내 주변에 사람들이 모여들었거든."

그렇게 어린 시절의 자신감을 스스로 끄집어내더니 거침없이 변화하기 시작했다. 목소리, 포즈, 손짓 등 내가 가르쳐준 수십 가지의 강의 기술보다 스스로 자신감을 되찾은 뒤로 완전히 다른 사람이 되어갔다. 그저 나는 그가 자신감을 더 쉽게 찾을 수 있도록 도와주는 역할을 하고 있었던 거다. 마지막 날, 나는 강의 코치로서는 최고의 찬사를 들었다.

"사실 내가 원래 말을 좀 하지. 허허허!"

그때 부행장님의 목소리 톤이 많이 변했다고 느꼈는데 그것이 나만의 생각이었을까? 서른 살은 족히 차이 나는 젊은 강사인 나에게 '선생님'이라고 부르던 부행장님은 자신감을 넘어서 거만한 에너지를 풍기고 있었다.

그때 알았다. 부행장님을 하산시켜야 한다는 것을. 가르침을 준 누군가에게 하산을 명할 수 있는 순간보다 기쁜 때가 있을까? 그 순간 이상하게도 가슴 찡한 감동과 함께 눈물이 났던 것 같다. 자신감이 넘쳐 심지어 거만해 보이는 것이야말로 '정말로 배웠음'의 표시라고 나는 생각한다. 거만할 정도로 자신이 있어야 비로소 진짜배기 강의가 시작되는 법이다.

내가 강의하는 내용 중에 아미그달라Amygdala라는 뇌의 부분을 소개하는 게 있다. 아미그달라는 생명의 위협이나 공포에 대해 반응한다. 아미그달라가 공포에 쌓여 있으면 자신의 재능을 표출해줄 뇌의 다른 부분이 직격탄을 맞게 된다. 그리고 스스로를 계발하는 것 자체를 포기하고 생존하기 위해 숨어버린다. 누군가의 비난이나 험담, 분노에 당신의 재능이 묻힐지도 모른다는 말이다. 아주 깊숙이 묻혀서 평생 자신의 이야기를 하지 못할 수도 있다. 60대가 돼서야 "내가 원래 말을 잘하는 사람이야"라고 스스로의 재능을 알아차린 부행장님은 지난 40년이 얼마나 아쉬웠을까?

혹시 당신의 강의 재능은 분노와 공포에 휩싸여 있지 않는가? 당신의 강의 아미그달라를 해체할 자신감의 근거는 어디에 있는가? 알아내라! 스스로에게 '나는 최고'라고 최면이라도 걸어라! 친구와 떠들썩하게 수다를 떠는 모습이든, 학창시절에 학우들을 이끌던 모습이든, 어린 시절 장기 자랑을 하고 박수 받은 일이든지 간에 찾아내라.

강사로 성공하기 위한 첫 번째 단계는 자기 안에 있는 자신감의 열쇠를 스스로 찾아내는 것이다. '나는 훌륭한 강사'라는 자신감을 잃어버리는 순간 당신은 껍데기에 불과한 강사가 되고 만다. 몇 날 며칠을 노력해도 당신 안에 숨어 있는 자신감의 힘을 끌어내지 못한다면 멋진 강사가 되는 것은 요원한 일이다. 물론, 강의를 전달할 도구들은 필요하다. 그러나 도구를 쓸 준비는 당신 안에서 일어나야 한다.

나 역시 그랬다. 강사로서의 내게 자신감을 찾아준 사람은 스티브 애로우드Steve Arrowood, 미국 QLN 아카데미의 마스터 트레이너Master Trainer(최고 수준의 강사에게 붙는 직책)이다. 현재는 유럽에서 글로벌 교육 컨설팅업체를 운영하는데, 아시아투어 중 한국에 왔을 때 나는 그가 강의하는 내내 말 그대로 입을 벌리고 있었다. 꿈꾸는 것 같았다. 100퍼센트 이해할 수 없는 언어의 장벽에도 온 머리에, 가슴에 강의 내용이 박혔다. 완벽한 롤 플레이와 스토리텔링, 게다가 치밀한 논리와 예시, 마지막에는 정말 한 편의 뮤지컬을 본 듯했다. 그는 강의의 신이었고 마에스트로였고 장인이었다.

나는 그처럼 될 수 없었다. 고등학교와 대학교에서 방송반에 들어가 교내 방송을 할 때마다 친구들이 나에게 느끼한 목소리라며 "제발 점심시간에 쉬게 좀 닥쳐!"라고 말했다. 그래서 목소리와 관련된 직무의 기회가 올 때마다 그 길은 내 갈 길이 아니라고 생각했고, 스티브의 강의를 듣던 당시도 영업과 기획 일에 더 큰 에너지를 쏟고 있을 때였다.

그런데 내가 들었던 강사 양성 과정을 마무리하는 시간에 스티브가 나에게 시범 강의를 해보라고 제안했다. 도와주겠다고. '왜 내가? 다른 분 먼저 하면 안 될까요?' 목구멍까지 말이 올라왔다. 그러나 영어로 그 말을 하기 어려워 나는 바보처럼 '예스!'라고 대답했다. 막다른 골목에서 나는 나름대로 최선을 다했다. 그가 한 것처럼 청중 가운데 들어가 앉아도 보고, 제스처도 해봤다. 강의를 마치고 나서 나는 천둥처럼 울리는 심장 소리를 들으며 그를 바라보았다. 그에게 분명히 내 심장 소리가 들릴 거라는 묘한 상상과 함께.

내게 세상에서 최고 강사였던 그는 "Excellent(최고)!", "You are so talented(타고났구나)!"라고 외치며 박수를 쳐주었다. 내 말을 다 이해하지 못했지만 아주 멋졌다며 내가 잘한 파트를 10여 분 동안 조목조목 설명해주었다. 나는 그 칭찬에 넘어가 그가 한국에 머물던 며칠 동안 그 앞에서 시범을 보였다. 그는 매번 하나씩 강의 기술을 더해주었고, 나는 시범 강의 때마다 짜릿한 행복감을 얻었다. 하나라도 더 배우고 싶어서 밤을 새웠다. 스티브가 돌아갈 때쯤 내 안에서 강의를 하겠다는 용기가 넘쳐났고, 난생처음 미국에 파견되는 한국 교사들을 대상으로 5일 동안 강의를 진행했다. 그리고 태어나서 처음으로 기립박수를 받았고 제자들이 생겼다.

최고의 강사가 나에게 최고라고, 타고났다고 북돋워주었던 그 순간이 나의 자신감을 능력으로 끌어올렸다. 스티브는 나에게 아무것도 신경 쓰지 말고 강의를 준비하라고 했다. 그래서 'Excellent!'와 'Talented!'는 아직도 나에게 마법의 주문이다. 시간이 지나면서 그의 칭찬이 100퍼센트 진짜가 아니었음을 알았다. 그 앞에서 내가 한 강의가 갓난아이의 걸음마 수준에도 미치지 못했다는 것을 이제야 느낀다. 그 당시의 나는 그를 100퍼센트 믿었고, 정말로 내가 잘한다고 착각했다.

자신감은 당신을 대중 앞에 서게 하는 열쇠다. 나는 강의를 시작하는 강사들에게 자신감을 넘어 심지어 청중 앞에서 거만해지라고 말한다. "이제 하산하라"고 말하는 사부 앞에서 "아, 저도 그러실 줄 알았습니다. 제가 좀 타고났네요. 제가 생각해도 최고인 것 같아요"라고 말할 수 있을 정도로 말이다. 자신을 사랑하는 사람이 강력한 영향력을 지닌다. 심지어 거만해도 인정해줄 만한 이야기를 당신 안에서 *끄집어내라*.

03

스피치 vs. 프레젠테이션 vs. 나만의 강의 드라마

2007년 겨울이었다. 알고 지내던 C 신문사의 교육사업팀 이창남 팀장님에게서 연락이 왔다. 나는 그 신문사의 청소년 학습법 프로그램 강의를 하며 종종 특강도 했는데, 이 팀장님과는 학생들에 대한 안타까움이나 교육철학에 대한 생각이 서로 잘 맞아서 형님 동생 하며 막역하게 지내는 사이였다. 여느 때처럼 강의 부탁을 할 줄 알았는데 의외의 요청이 들어왔다.

"최 대표, 우리 회사에 중요한 사업 PT가 있는데, 상무님이

PT를 해야 해. 수십 억짜리 사업으로 회사의 연 매출이 달린 PT야. 최 대표가 우리 상무님 좀 가르쳐줘. 부탁할게."

팀장님 말을 듣자마자 PT와 강의를 똑같이 '그저 말을 잘하는 것'으로 생각하고 있음을 알았다. 그러나 수십 억의 매출이 걸린 경쟁 PT에 나를 믿고 연락한 분의 부탁을 차마 거절할 수 없었다. 고민 끝에 나름의 공통점도 있으니 내가 도울 수 있는 것은 가르쳐주기로 하고 밤을 꼬박 새워 작업을 했다. 회사 강의장에서 PT를 한 장 한 장 만들고, 원고를 작성하고, 읽어보고, 중요한 부분에서는 목소리 톤을 수정하고 제스처를 넣기도 하면서 10분 동안의 PT를 하나의 작품으로 완성시켰다.

마지막 단계에서 상무님에게 PT 내용을 외워서 말하지 말고, 눈앞에 있는 사람들에게 집중하고 핵심에서 벗어나지 않기를 부탁드렸다. PT의 클라이맥스는 강의와 비슷한 점이 있다. 훌륭한 강의 역시 마지막에 강의록을 절대로 읽지 않는다. 그 점은 이 책 후반부에서 자세하게 이야기하겠다.

우수한 프레젠테이션 발표자라고 해서 반드시 우수한 강의를 하는 것은 아니다. 왜냐하면 프레젠테이션 발표는 내용의 구성과 논리, 청중의 평가에 초점을 맞춘 한 방향 커뮤니케이션이 핵심이라고 한다면, 강의는 이야기의 감정적 교류, 청중과의 소통, 즉 공감에 기반을 둔 쌍방향 커뮤니케이션이기 때문이다. 그러나 목소리와 몸짓, 동선, 시선 처리 등 말하기의 기술이란

면에서는 공통점이 많다.

정리하자면, 프레젠테이션은 혼자만 잘하면 박수를 받지만, 강의는 혼자만 잘하면 사람들이 강의장을 떠난다. 오래된 친구랑 이야기하고 싶어서 선술집에 들어갔는데, 묻지도 않은 자기 자랑과 신세 한탄만 되풀이한다면 그런 친구와 시간을 보내고 싶은 사람이 있을까? 청중은 친구도 아니니 자기와 상관없는 강사의 경험이나 자기 자랑에는 더더욱 관심이 없다. 그러니 자리를 박차고 나가는 것은 당연한 일이다.

그럼 이제 어쩌나? 나는 하고 싶은 이야기가 있는데 혼자 하면 안 된다니. 예를 들어, 스타 강사 김미경 씨의 강의를 떠올려 보자. 김미경 씨의 강의는 강사가 전하는 상황과 감정에 청중을 몰입시키는 힘이 있다. 청중 한 명 한 명이 김미경 씨의 이야기를 듣고 있는데 중요한 포인트는 사실 청중 각자가 자기 상황을 강사의 이야기에 대입하며 자기만의 세계로 빠져들게 하는 것이다. 음악에 비유하자면 김미경 씨는 저마다의 악기를 다루는 연주가들이 모인 오케스트라의 지휘자인 셈이다. 모든 사람이 마음속에 있는 자기만의 악기를 연주할 수 있게 도와주는 강의 지휘자다. 강의하고 있는 지휘자 김미경 씨는 자신이 말하고 있는 상황에 스스로 도취되어 강의한다. 사람들의 반응에 따라 질문을 던지고 청중은 모두 "네!"라고 화답한다. 김미경 씨의 온몸으로 부르짖는 듯한 강의와 청중의 감동이 상호 교차하는 순

프레젠테이션은
혼자만 잘하면 박수를 받지만
강의는 혼자만 잘하면
사람들이 강의장을 떠난다.

간이다. 지휘자의 손끝 하나에 움직이고 빠져드는 연주자들처럼 말이다.

그녀가 원고를 들고 읽는 것처럼 강의하는 모습은 본 적이 없다. 그렇다면 강의 지휘자 김미경 씨가 어느 날 갑자기, 교양 있는 서울 사람들이 두루 쓴다는 표준어와 맞춤법을 완벽하게 구사해서 이야기한다면 어떻게 될까? 김미경 씨 뒤에 파워포인트가 깔끔하게 편집돼 있고 아나운서 같은 차분한 말투와 복장으로 강의를 진행한다면 과연 사람들이 함께 울고 웃을까? 성공의 세 가지 요소를 고전 인문학에서 따와 가르치는 김미경 씨는 스타 강사에서 한순간에 재미도 없고 감동도 없는 그저 똑똑한 아줌마로 전락할 것이 뻔하다. 시집살이로 고생했던 이야기나 직장 생활 이야기가 그녀에게 가장 힘들었던 시간을 말해주기 때문에 청중이 몰입하는 걸까? 그렇다면, 더 힘들고 모진 고통을 이겨낸 사람이 강의하면 더 좋은 반응을 얻는 강사가 되는 걸까?

나도 비슷한 경험이 있는데, 나도 하고 싶은 이야기가 있는데, 그럼 나도 강의를 할 수 있을까? 그건 아니다. 힘들고 어려운 사연을 전달할 것이 아니라 청중이 듣고 싶어 하는 이야기로 감동을 불러일으키는 강사야말로 명강사다. 내가 하고 싶은 이야기가 아니라 청중이 원하는 이야기를 해야 한다. 프레젠테이션 발표자처럼 외운 이야기를 차근차근 전개하는 것이 아니라 그 현장, 그 순간, 그 시간의 청중과 소통하고 에너지를 공유해야 한다. 청중이 이야기를 듣고 싶도록 만드는 것이 강사의 역할이다.

얼마 전 회사에 신입 사원이 한 명 들어왔다. 어머니가 일찍 돌아가시고, 어머니처럼 자신을 돌봐주던 누나가 먼저 세상을 떠난 친구. 해병대 장교로 자원입대하고, 그 마음을 뮤지컬 배우가 되어 노래하던 친구. 아나운서 지망생이던 전종목 씨. 포기하고 싶던 자신의 삶을 다시 희망으로 물들이고 그 이야기를 사람들에게 노래하고 싶다며 나에게 찾아왔다. 자신의 이야기를 강의하고 싶다고 했다. 자신의 아픔을 강의하겠다고 했다. 한참 그 친구를 바라보다가 몇 가지 물었다. 개인적으로 그의 이야기는 내 마음을 울렸지만, 나는 프로 강사로서의 길을 가슴이 아닌 현실로 알려줘야 할 필요성을 느꼈다. 그래서 어렵지만 무겁고 단호하게 말을 꺼냈다.

"제가 왜 슬픈 이야기를 들어야 되죠? 차라리 원래 하던 보이스 트레이닝 강의를 하세요."

그는 당황한 기색이 역력했지만 나는 말을 이어갔다.

"아나운서 시험에 떨어져서 온 것이라면 돌아가십시오. 프로 강사는 무언가의 대체제가 아닙니다."

사실이다. 유난히 아나운서, 성우 지망생들이 강사가 되겠다고 찾아온다. 답답한 현실이다. 강사에게 요구되는 것은 아나운서나 성우 지망생들에게 필요한 것과는 핵심이 완전히 다르다. 이는 강의와 PT의 차이와 같다.

"전종목 씨, 강의는 눈물을 쥐어짜는 신파도 드라마도 아닙니다. 왜 사람들이 당신의 이야기를 들어야 합니까? 전종목 씨 자신을 위해선가요? 아니면, 청중을 위해선가요?"

이것이 내가 하고 싶은 이야기다. 강사는 청중을 위해 존재한다. 자신을 위한 한풀이나 힐링, 자기 자랑을 해서는 절대로 안 된다. 논리 정연하고 맞춤법이 바른 멋진 발표자도 아니다. 프로페셔널하게 원고를 암기한 발표자가 감동을 주는 강사로 변신할 때에는 자신의 이야기가 적어도 90퍼센트 이상 청중을 위해 존재할 때다. 청중을 위해 아낌없이 주는 나무가 될 때이다. 강사가 주체가 아닌 도구가 되는 순간이다. 나와 헤어진 뒤 전종목 씨는 1년 동안 다른 곳에서 일하며 강사가 되고 싶은 바람을 스스로 증명했고 현재는 우리 회사에 입사해 신입 강사로서 훈련 중이다. 그리고 입사 1년 만에 처음으로 회사의 정기 강의 콘서트에 섰다. 그는 아픔을 승화해 강연으로 노래했다. 그의 강의 중 일부를 옮겨본다.

"작년에 힘든 일을 겪었어요. 어머니를 일찍 떠나보낸 제게 작은누나는 친구이자 애인, 어머니가 되어줬습니다. 그 누나를 어머니와 같은 병인 위암으로 떠나보낸 게 작년 일이었거든요. 그때 나처럼 힘들어하는 사람들을 강의라는 도구를 통해

도울 수 있다는 것을 깨달았습니다. 그래서 강의를 배우고, 강사로서 첫발을 디딜 곳을 찾던 중에 정말 선한 뜻으로 강의하는 회사를 알게 됐습니다. 그곳이 바로 폴앤마크였고 저는 무작정 폴앤마크를 찾아갔습니다. 최재웅 대표를 처음 만난 날 저는 간절한 마음에 '집에 돈이 많아서 돈 안 벌어도 되니 강의하고 싶습니다!'라는 거짓말도 했습니다. 누나를 떠나 보냈을 때 저는 제 자신이 미웠고 인생이 허무했습니다. 왜 누나를 더 돌보지 못했을까? 왜 누나와 더 오래 함께 있지 못했을까 하는 생각이 시도 때도 없이 들어서 미칠 듯이 고통스러웠습니다. 미래를 상상할 때 언제나 함께였던 누나를 잃은 허무감과 좌절감에 '살아서 뭐해. 아무 의미도 없는데'라는 생각에 스스로 목숨을 끊을 생각까지 했습니다. 하루에도 몇 번씩 그래도 살아야지 하며 스스로를 다독였다가도 무너지기를 반복했습니다. 그러던 제가 그 와중에 처음으로 꾼 꿈이 강사의 길이었습니다. 그 길을 함께하고 싶은 회사 폴앤마크를 만났으니 있는 말 없는 말, 뻥이고 뭐고 가릴 처지가 아니었죠. 그때 최 대표님이 말했습니다. '너의 슬픔이 아닌 네가 가진 빛나는 점이 다른 사람을 위로하고 도울 수 있을 거야.' '강사는 자기가 하고 싶은 이야기를 하는 사람이 아니라 사람들이 듣고 싶은 이야기를 해주는 사람이야.' 그 말은 슬프고 힘겹던 제 경험에만 빠져 있던 저에게 많은 생각을 하게 했습니다. 상처를 공감할 수는 있지만 결국 사람들을 위로하고 웃게 만드는 건 제가 가진 재능이란 걸 배웠지요. 앞으로 제가 폴앤마크에서 어떤 모습으로 성장하게 될지 모릅니다. 강사가 되는 길이 힘들고 지칠 수도 있고, 많은 고난이 있을 수도 있겠죠. 하지만 예전과는 다릅니다. 바로 지금 이 순간부터 저를 괴롭히던 슬픔과 아픔, 절망을 벗어버리고 제가 가진 모든 힘을 다해 제 꿈을 이루겠습니다."

강의는 숨어 있는 내 목소리를 찾는 과정이다. 친구들과의 수다나 업무 보고, 학교 과제 발표와는 전혀 다른, 대중 앞에서 자신의 목소리를 발견하는 것이다. 자신의 리더십을 실체화하는 과정이 바로 강의이다. 강의는 나 혼자 만드는 프레젠테이션이 아니다. 청중과 함께 만들어가는, 대중 앞에 선 내 심장의 목소리다.

청중과 소통하며 아낌없이 주기 위해 전종목 씨가 훈련하고 있는 몇 가지 강의 원칙을 소개한다.

● 강의를 시작하기 전 청중과 눈을 맞춰라

청중에게 다가가 이야기를 건네라. 간단하다. 어디서 왔는지, 혼자 왔는지, 어떻게 알고 왔는지, 오늘 기분은 어떤지, 다른 좋은 강의를 들어본 적이 있는지 등 청중이 어색해하지 않도록 가볍게 이야기 나누는 것은 기본이다. 처음 이성을 만나기 직전의 자기 모습을 생각해보자. 미리 사진도 보고, 약속 잡느라 전화해서 간단한 자기소개도 하면서 친밀감을 느낀다. 강사에게도 반드시 필요한 과정이다. 청중 몇 명과 가볍게 이야기하는 것만으로도 강사의 심장은 그날 강의에 적합한 상태로 조율된다.

● 강의를 시작하면 청중 모두에게 질문하라

청중 전체를 대상으로 하는 질문에서 청중과의 교감은 시작된다. TV 프로그램 「개그콘서트」에 '솔로'를 주제로 한 코너가 예전에 있었는데, 거기에 늘 나오는 질문이 참 적절했다. "커플들 손들어 주십시오! 곧 헤어질지어다~ 솔로들 손들어 주십시오! 오~ 찬란히 빛날지어다!" 그처럼 모든 사람이 저마다 참여할 수 있는 질문들을 센스 있게 뽑아 시작한다면 강의의 감정선 전체를 바꿀 수 있다. 물론 개그 프로그램에서는 부정적인 내용도 부드럽게 넘어가는데 강의에서는 긍정적인 내용을 넣어서 질문하는 것이 좋다. 질문할 때 주의 사항! 부디 청중 전체가 아닌 한 사람을 대상으로 질문하지 말 것. 그 사람이 대답을 잘해서 좋은 분위기를 만들면 다행이지만 갑작스런 질문에는 장사가 없다. 한 사람이 강사의 질문에 대답하지 못해 부끄러워하면 자칫 강의장 분위기까지 가라앉고 썰렁해질 수 있다.

● 강의 중에 청중의 반응을 예측하지 마라

강의를 몇 번 하다 보면 청중이 어느 대목에서 웃고, 어떤 이야기에서 반응을 보이는지 예측하는 습관이 생긴다. 그러다 늘 웃던 부분에서 웃지 않는 청중을 만날 때 강사의 심장은 순간적으로 쪼그라든다. 그러나 '청중은 모두 다르게 반응한다'는 대원칙을 잊어서는 안 된다. 참 어려운 일이다. 대부분의 청중은 웃음 포인트나 감동 포인트가 비슷하기 때문이다.

청중이 어디서 웃을지 예측해서 준비한 강의는 강사에게 안정감을 줄지 모르지만 강의장의 유연성과 진짜 재미는 그 맛을 잃게 된다. 그리고 강사는 헤어진 첫사랑을 기억하는 남자처럼 그 강의는 아픈 추억으로 남게 된다.

일전에 L사의 강사 양성 과정을 진행한 적이 있다. 그 과정이 끝나고 한 부장님이 10년 이상 해온 자신의 강의를 돌아보며, 그때까지의 강의는 '인간 녹음기'였다고 표현했다. 강의의 묘미는 현장성과 다양성이다. 청중의 웃음과 감동을 예측하지 말라. 강의를 아무리 많이 하게 되더라도.

● 힘들었던 강의 뒤에도 청중에게 고마움을 표시하라

어떤 강의를 힘들게 끝내고 나면 많은 강사가 공연을 끝낸 배우처럼 무대 뒤로 숨어버리는데 그러면 안 된다. 그런 강사는 기말고사가 끝난 뒤 점수 보는 게 겁나 시험지는 쳐다보지도 않으면서 다음번에 성적이 오르기를 바라는 학생과도 같다. 그런 기적은 일어나지 않는다. 강의를 마친 다음에도 청중에게 다가가라. 설사 강의가 마음에 들지 않는 청중이 강사의 눈을 피하더라도 다가가라. 그리고 "고맙습니다"라고 말하라. 강의 내내 강사에게 부정적인 에너지를 보냈던 청중에게도 다가가서 고마움을 표현하라. 청중이 보낸 부정적인 에너지에 억지로 고마움을 표현하라는 것이 아니다. 강사에게 집중해준 시간에 고마움을 표현하라는 것이다. 최고의 피드백은 강의가 끝난 뒤 청중이 전하는 에너지다. 더 멋진 다음 강의를 위해 청중에게 다가가라.

04

가장 한국적인, 가장 감동적인 강의

내로라하는 세계적 강사들의 강의가 우리나라에서 먹히지 않는 이유가 무엇일까?

'스티브 잡스 무조건 따라 하기'는 강의에서 보여줘야 할 강사만의 색깔을 오히려 흐리게 한다. 스티브 잡스의 강의는 미국의 문화와 지식 체계, 상식이 합쳐져 가능했던 강의 스타일이다. 그의 간결하고 멋진 PT 디자인과 청중을 사로잡는 제스처, 역동적인 동선은 우리가 배울 점이지만, 강의 내용과 청중을 대하는 방식은 우리와는 큰 차이를 보이고 있다. 예를 하나 들자. 삼성을 비롯한 스마트폰 제조사를 모방범Copycat 수준으로 격하하며 강의를 시작하는 방식은 스티브 잡스만이 가능하다. 대한민국에서 누군가를 격하하며 시작하는 강의는 끝을 볼 필요도 없이 실패다. '예의범절' 없는 강의라는 말이다.

그럼에도 대한민국에서는 스티브 잡스 따라잡기가 한창이다. 얼마나 많은 대중 연설에 관련된 책과 교육 프로그램이 그를 최고의 모델로 삼고 있는지 모른다. 나 역시 강의를 가르치는 사람으로서 스티브 잡스가 탁월한 대중 연설가임에 적극 동의하고 대한민국의 디자인, 창의, 강의를 업그레이드한 인물이라고 생각한다.

그러나 대한민국 강의 스타일은 외국 강의 스타일과 다르다. 한국에서 선풍적 인기를 끈 스티브 잡스지만 그의 강의 스타일은 분명 한국 정서에 들어맞지 않는다. 세계적인 베스트셀러 『정의란 무엇인가』의 저자 마이클 샌델은 또 어떤가. 우리도 저명한 하버드 대학교의 마이클 샌델 교수처럼 청중에게 질문을 퍼부으며 강의하면 어떨까? 장담컨대! 서로 뻘쭘해진다.

그럼에도 우리는 따라잡기에 열심이다. 물론! 모방은 창조의 어머니가 되겠지만, 강사로서 잃게 될 명성보다 모방이 중요하지는 않다. 남을 따라 하는 강사는 내가 좋아하는 오디션 프로그램 심사위원의 말을 빌리자면 '모창 가수'이다. 그나마 말도 통하지 않는 외국 가수를 모창하는 강사라는 말이다. 외국 가수 따라 하기 식의 노래로는 청중의 마음을 움직일 수 없고, 강의도 마찬가지다. 차라리 한국 가수들을 따라 한다면 좀 더 대중의 공감을 얻을 수 있지 않을까.

또 하나, 대한민국 강의 시장을 들뜨게 한 현상이 있다. 바로 TED(Technology의 T, Entertainment의 E, Design의 D를 합해 이름 붙인 TED는 미국의 민간단체로 인간이 집중할 수 있는 약 18분 동안의 강의를 통해 과학기술, 정치, 디자인, 환경, 문화, 교육, 뇌 과학 등 거의 모든 분야에서 두각을 나타내는 새로운 생각을 세상에 널리 알리는 것을 목적으로 한다)이다. TED와 비슷한 다양한 프로그램이 TV에서 시도되고 있다. TED의 하드웨어인 콘셉트나 디자인, 무대장치, 카메라 앵글은 쉽게 따라 할 수 있지만, 그들의 문화가 뿜어내는 다양한 색깔과 지식의 카리스마, 재미는 어떻게 따라잡을 수 있을까? 아니 그만한 지식이 있는 사람은 찾더라도 그만한 '강사'를 지속적으로 찾을 수 있을까? 아는 것과 말하는 것이 얼마나 다른가! 모르긴 몰라도 국내에서 TED와 비슷한 프로그램을 운영하는 사람들이 가장 고민하는 문제는 탁월한 지식을 가진 사람을 발굴하는 것보다 탁월한 강사를 발굴하는 일일 것이다.

여하간 그러한 흐름으로 외국의 유명한 저자들과 교수들이 한국을 찾는다. 그들의 명성이 궁금해서 또는 무언가 배울 것이 있다고 기대하는 많은 사람이 강연장으로 몰려든다. 내가 강사의 꿈을 키워갈 무렵 리더십 교육의 세계적 거장인 존 맥스웰의 강연을 총괄한 적이 있다. 각종 언론 매체와의 인터뷰, 5성급 호텔의 최고급 객실, 해외 플래그십 모델 차량의 지원과 리무진, 고위급 인사들과의 미팅은 그의 명성을 실감하게 하는 상징적 광경이었다.

마침내 그의 강연이 시작되었다. 1, 2부를 합쳐 총 6,000명이 넘는 인원이 리더십 강연에 참석했다. 역시 명불허전! 강연은 훌륭하게 마무리되었다. 당시 같은 회사에 근무하며 맥스웰의 강연을 함께 준비한 동료들도 그의 강연 동영상을 녹화하고 번역해서 그대로 따라 했다. 결과는 말하기 부끄러울 만큼 참담했다.

왜? 따라 하기에만 급급해서 강사인 우리는 '내'가 아닌 '그'를 전달하기에 여념이 없었던 것이다. 나 자신을 개발하지 않고 그의 명성에 기대어 가려고 했던 것이다. 강의장에서는 나만이 나를 도울 수 있음을 잊은 것이 가장 큰 비극이었다. 또한 한국인인 내가 미국인처럼 강의하려 한 것이 강의에서는 재앙이었다. 강의할 때 맥스웰이 '펑!' 하고 나를 도우러 나타나지 않는다. 설사 그가 나타난다고 해도 알아듣기 어려운 영어로 강의할 것 아닌가? 그럼 강의장은 한층 더 혼란스러워질 것이다. 대한민국에서 내가 강의한다는 것은 대한민국 문화를 바탕으로 내 목소리로 하는 것을 의미한다. 내 경험과 태도, 강의 내용 외에 다른

내 힘으로 강의하지 않으면
그 강의는
좋지 않은 결과로
이어진다.

이의 경험과 명예가 내 강의를 도울 수 없다. 마키아벨리도 『군주론』에서 '내가 세우지 않은 권력은 무너진다'고 하지 않았던가! 저명한 강사를 절대로 따라 하지 말라는 것은 아니다. 따라 하라. 단, 그 강사의 기술과 내용에 자신만의 스타일과 목소리를 얹기 전에는 청중 앞에 서지 마라. 내 힘으로 강의하지 않으면 그 강의는 좋지 않은 결과로 이어진다.

2008년 나는 시스 트레이닝Seeds Training이라는 회사의 아시아 지역 대표 강사로서 중국 절강대학교에서 장학금을 탄 신입생 500명을 대상으로 강의한 적이 있다. 얼마나 떨었는지 모른다. 소통이 원활하지 않아 내가 할 수 있는 것은 최선을 다해 강의하는 것뿐이었다. 나와 강사 한 명이 총 13일간의 리더십 프로그램을 끝내고 마지막 인사를 할 때였다. 대학생들 모두 자리를 뜨지 않고 내 이름을 연호했다. 강의를 잘해서가 아니다. 탁월한 콘텐츠에 진심을 담아 차근차근 전달할 때 일어나는 기적이다.

2010년에는 야후Yahoo의 아시아 태평양 지역 대표 강사로 선발되어 싱가포르에서 강의에 참가한 적이 있다. 미국의 마스터 강사가 싱가포르에 와서 우리를 가르치고, 함께 싱가포르 강의에 참여하고, 각자의 나라에서 강의하도록 계획을 잡았다. 며칠 동안 치열하게 교육받으며 마스터 강사의 냉철한 피드백 속에서 훈련을 마치고 마침내 강의를 시연할 시간이 되었다. 한 글자도 놓치지 않고 외우려 했던 내 노력이 헛되지 않기만을 바라며 강의장 앞에 섰는데 이럴 수가! 머릿속이 하얘졌고 나는 딴소리를 하고 있었다. 정신을 차리고 외운 한 글자 한 글자를 이어갔지만 기대했던 반응은 전혀 느낄 수 없었다. 보이지는 않았지만 세상에서 가장 차가운 표정과 태도로 나를 지켜보는 각국 대표들의 부정적 에너지가 고스란히 전달되었다. 망신스러웠다.

무엇이 문제였을까? 콘텐츠를 체화하지 못한 것이 문제였다. 완전히 내 것으로 만드는 것은 완벽하게 암기하는 것과는 하늘과 땅 차이다. 많은 강사가 PT와 강의 자료를 달달 외워서 청중 앞에 선다. 외우는 것은 필요하지만 단순 암기를 넘어서 나만의 목소리를 내야 한다. 설령 내 이야기가 아니더라도 강의하는 그 순간에는 완전히 내 이야기로 만들어 강의해야 한다. 과장해서 말하자면, 내 안에 강의가 완전히 녹아들어 나와 콘텐츠가 하나 되고, 내 것이라는 착각을 넘어 '믿음(!)'을 가지고 해야 강의에 에너지가 넘치게 된다.

그러한 경험을 바탕으로 2010년 삼성그룹의 창의력 과정을 개발했다. 강사들이 말할 한 글자 한 글자를 강의안에 적었다. 절대로 잊지 않았던 것은 강사들이 그 내용을 읽어서는 안 된다는 것이었다. 내가 싱가포르에서 한 실수처럼 지나치게 내용에 집착하면 한 번의 실수로 머릿속이 하얘지고, 강사의 에너지는 산산이 무너지게 될 테니까. 더불어 글로벌한 기술을 적용하되 대한민국에 맞는 '나'만의 목소리를 내야 한다는 생각이었다. 쓰라린 경험을 바탕으로 개발한 창의력 과정을 삼성에서 진행했고, 첫 강의 현장에서 기립 박수를 받았다. 그때 다시 한 번 확인했다. 좋은 콘텐츠와 암기에 가까운 연습. 하지만 현장에서는 완전히 체화해 내 것이라는 '믿음'을 가지고 강의할 것.

앞으로 정말 강사에게 필요한, 글로벌하되 대한민국에서 내가 체화한 기술들을 알려주겠다. 머리로 깨닫는 것이나 가슴으로 느끼는 것만으로 강의를 할 수 있는 건 아니다. 읽고 행동해야 한다.

CHAPTER
2

내 이야기를 듣는 사람은 누구인가

누구라도 강사가 될 수 있다. 강사로 거듭나기 전의 이력이 나를 연단에 세울 수는 있다.

그러나 그 이력이 청중을 잡아주지는 않는다. 강사의 출신 학교와 경력에 청중이

잠시 솔깃할 수는 있어도 그 자체에 매력을 느끼지는 못한다.

이력에 기대면 실력은 자라지 못하는 법, 강의장에서 당신은 완벽한 강사여야 한다.

박사도, 사장도, 남편도, 아빠도 아닌 온전히 강사여야 한다. 이력은 단지 거들 뿐이다.

05

3분만 들으면 강의 전체를 짐작할 수 있다

사실 강의는 끝까지 듣지 않고도 전체를 판단할 수 있다. 그것도 몇 분만에 판단이 끝난다. 특별한 감각을 타고나야만 할 수 있는 것도 아니다. 사람을 첫인상으로 파악하듯 강의도 첫 3분의 느낌이 중요하다. 생각해보자. 새 학기가 열리고 선택한 과목의 강의실을 찾아 들어선 대학생이 교수의 강의가 재미있을지 판단하는 데 얼마나 걸릴까? 그렇다. 거의 보자마자 듣자마자 강의 전체가 어떻게 흘러갈지 짐작하는 것은 어렵지 않다.

나 역시 누군가의 강의를 판단하는 데 걸리는 시간은 길지 않다. 길어봤자 3분이면 더 이상 듣지 않고 보지 않아도 그 후의 내용을 짐작할 수 있다. 강사 입장에서는 억울할 것이다. 불합격했지만 더 보여줄 것이 있다고 하소연하는 오디션 프로그램의 지원자처럼 아쉬운 게 많을 뿐이다.

그렇다면 강사의 어떤 점이 듣는 사람의 기대감을 떨어뜨리고 불안하게 만들까? 청중 앞에서 굳은 표정, 떨리거나 잔뜩 꾸민 목소리, 온몸의 근육이 긴장되어서 무언가 부자연스러운 자세, 지나치게 경직된 태도, 말끝마다 반복되는 똑같은 톤이나 습관 등이 강의의 성패를 좌우하는 요소이다. 강의 콘텐츠의 수준은 그다음 문제이다. 자신감이 떨어진 상태에서, 나도 내가 누군지 모르면서 누구에게 무엇을 가르칠 수 있겠는가?

내 강의에서 정말 중요한 것은 '무엇을 가르칠까'가 아니라 '어떻게 가르칠까'이다. 자신만의 목소리를 낼 수 있다면, 강의 내내 자기 강의에 대한 자신감을 끌어올릴 수 있다면 누구나 강사가 될 수 있다. 그렇다고 어설픈 자기 자랑은 금기 사항이다. 내가 무엇을 했고, 무슨 자격증을 땄고, 어디서 공부했는지는 전혀 중요하지 않다. 자랑이 습관이라면? 강의하는 내내 따돌림 받는 슬픔을 경험하게 된다. 누구로부터? 내 강의에 귀 기울여야 할 청중으로부터.

강의하는 법, 교수법을 가르치면서 알게 된 가장 놀라운 사실은 이미 강의하고 있는 현역 강사들이 강의하는 법을 제대로 배우고자 하는 간절함이 강하다는 것이다. 그 열망은 내 생각보다 상당히 높은 수준이었다.

실제로 내 교수법 강의를 들으러 오는 고객은 대부분 기업과 현장에서 '괜찮은 프로 강사'를 자처하는 분들이다. 심지어 최고로 강의를 잘할 것 같은 방송 아나운서들도 내 교수법 강의에 찾아와 멋진 목소리로 잔뜩 긴장하면서 코칭을 받곤 한다. 처음에는 궁금했다. 보통 10년 이상의 화려한 경력을 갖고 있는 분이 왜 나를 찾아왔을까? 그래서 직접 물어봤다. 그래야 무엇부터 코칭할지 방향을 정할 수 있으므로. 여기서 또한 가지 놀란 점은 프로 강사들의 고민도 보통 사람의 고민과 크게 다르지 않다는 것이다.

- "어떻게 하면 강의를 재미있게 하나요?"
  "호응은 어떻게 이끌어내죠?"
  "연령대별 기대 사항을 다 맞출 수 있을까요?"
  "논리적으로 강의할 수는 없나요?"
  "울렁증은 어떻게 극복하나요?
  (앞에만 서면 목소리가 떨려요.)"
  "사람들이 어려운 질문을 하면 어떡하죠?"
  "당황스러운 상황은 어떻게 극복하나요?"

"몰입을 유도하는 방법이 있나요?"

"눈길은 어디에 둬야 하나요?"

"말할 때 손은 어디에 두는 게 좋을까요?"

"목소리를 바꾸고 싶어요."　　　　　　　　　　—●

　이 여러 가지 질문에 공통으로 담긴 것을 추리면 딱 한마디이다.

"나는 강의를 하지만 배운 적은 없어요."

　다시 말하면, 어쩌다 보니 강의는 하고 있는데 강의하는 법은 모른다는 것이다. 자기만의 강의를 만들고자 이 책을 읽고 있는 독자에게는 희소식일지도 모르나 프로 강사를 자처하는 사람도 강의가 무엇인지 제대로 모르는 경우가 흔하다.

　질문을 바꿔보자. 지금 하는 일 가운데 단 하나라도 배우지 않고 잘하는 것이 있다면 무엇인가? 'ㄱ, ㄴ'도 모르는데 어느 날 갑자기 글을 쓰게 됐는가? 숫자도 모르면서 방정식을 풀고 있느냐는 말이다. 컴퓨터를 샀다고 모든 기능을 활용하지는 않는다.

　강의도 마찬가지다. 10년, 20년 강의를 했지만 방법은 모른다. 하다 보면 괜찮은 것 같기도 하고, 어떨 때엔 잘되지 않아서 좌절하기도 한다. PT를 읽어 내려가는 더하기 빼기 수준의 강의는 가능할지 몰라도 수준 높은 청중의 호응을 이끌어 내는 방정식 수준의 강의를 해내기는 어렵다. 배운 적이 없기 때문이다.

강의하는 법을 알려주는 대부분의 강좌는 레크리에이션용 게임 몇 가지, 팁, 멋진 말, 이론 몇 문장을 외워서 강의를 버티게 만들 뿐이다. '당장' 살아남을 수 있는, 써먹을 수 있는 감동적인 동영상과 PT 기법을 알려주는 데 그치고 만다. 그렇게 강의해온 강사들은 얼마 가지 않아 다음과 같은 장애물에 부딪히게 된다.

1. 내가 하려고 한 게임을 전 시간의 강사가 해버렸다.

2. 지난 시간 강사의 PT가 아주 멋졌다.

3. 동영상을 틀었는데 청중이 이미 내용을 알고 있다.

처음 강의를 시작할 때 떨리는 것은 당연하다고 해도 시간이 지날수록 리더십도 생기고 영향력도 생기고 실력도 늘 줄 알았는데, 늘어난 것은 고민과 주름뿐이고, 듣는 사람이 졸지만 않았으면 하는 바람마저 생긴다. 최악의 경우 강의라는 말만 들어도 가슴이 터질 것 같은 트라우마가 생길 수도 있다.

그렇게 하다 보면 강의 준비는 그저 남들이 쓰지 않는 감동적 동영상이나 드라마 클립 찾기, 개그 프로그램 탐색에 그치게 되니 얼마나 슬픈 현실인가.

내 강의에서
정말 중요한 것은
'무엇을 가르칠까'가 아니라
'어떻게 가르칠까'이다.

● — 1. 내 이력(지위와 학위, 경력)이 내 강의를 돕는다.

2. 내가 아는 만큼 강의한다.

3. 학습자의 태도가 문제다.　　　　　　　 — ●

내가 다양한 분야에 종사하는 사람들의 강의를 코칭하며 바로잡는 세 가지 인식이다. 많은 사람이 착각하는 이 생각에 대한 진실은 다음과 같다.

첫째, 강의력만이 강사를 도울 수 있다.

누구라도 강사가 될 수 있다. 강사로 거듭나기 전의 이력이 나를 연단에 세울 수는 있다. 그러나 그 이력이 청중을 잡아주지는 않는다. 강사의 출신 학교와 경력에 청중이 잠시 솔깃할 수는 있어도 그 자체에 매력을 느끼지는 못한다. 이력에 기대면 실력은 자라지 못하는 법, 강의장에서 당신은 완벽한 강사여야 한다. 박사도 사장도 남편도 아빠도 아닌 온전히 강사여야 한다. 이력은 단지 거들 뿐이다.

둘째, 머리에는 입이 없다.

아는 것과 하는 것이 일치한 적이 인생에서 몇 번이나 있었을까? 지식을 습득하는 일과 지식을 전달하는 일은 다르다. 지식은 거들 뿐. 자신만의 강의를 만들고 싶은 당신에게 필요한 것은 1,000권의 책이 아니라 1,000시간의 강의이다. 내 강의를 듣는 청중과 씨름해야 하는 강사가 왜 그토록 머리와 씨름하는

지 나는 아직도 종종 놀란다. 막상 강의가 시작되면 읽은 책들은 안드로메다로 사라질 뿐이다.

셋째, 강의의 질이 청중의 태도를 결정한다.

강의에 대한 호응이 약할 때 강사들은 부끄럽고 당황스런 마음에 청중에게 손가락질을 한다. 학습자의 태도가 좋지 않아서, 산만한 분위기에서 강의가 진행되어서, 학습자가 너무 어려서 등등. 프로끼리 그러지 말자. 어떤 이유를 막론하고 강의의 일차적 책임은 강사에게 있다.

실수를 인정하지 않는 강사는 배움도 성장도 느리다. 10년이 1년 같다. 실패는 성공의 어머니라고 하지 않는가? 실패가 성공이 되려면 실패를 통해서 배워야 하는 법이다. 강의장에서 수많은 실패를 통해 배운 것은 내가 원하는 방식이 아닌 듣는 그들이 바라는 방식으로 전달해야 한다는 점이다.

먼저 청중에 대한 이해부터 해보자. 강사의 가장 큰 고민 중에 하나는 매번 같은 내용을 이야기해도 사람들의 반응이 다르다는 데 있다. 그때그때 반응이 다른 것은 당연한 결과다. 사람은 다 다르게 보고 듣고 느끼고 생각한다. 그렇다면 어떻게 해야 다양한 사람들을 사로잡을 수 있을까? 어떻게 청중에게 접근해야 할까?

좋은 강사의 첫 번째 조건은 두말할 나위 없이 청중에 대한 정확한 이해다. 다음 장에서 나이, 성별, 직무 등을 뛰어넘어 인간이 학습에 반응하는 다양한 방식을 이해해보자. 학습 스타일을 이해하면 청중의 스타일이 보이기 시작한다.

06

청중은 모두 다르다

다음 중 강사에게 완전히 사로잡힌 청중은 누구일까?

- 1. 잘 웃어주는 사람
- 2. 표정이 없는 사람
- 3. 필기하는 사람
- 4. 팔짱 낀 사람

답은 없다. 내가 누구를 좋아하는지는 알아도 누가 나를 좋아하는지는 모르는 법. 사람은 저마다 다르다. 내 맘 같지 않다. 그렇게 웃어주던 청중이 강의가 끝나고 나면 갑자기 평가를 앞둔 오디션 심사위원처럼 정색하기도 한다. 강사는 맞선을 끝내고 애프터를 기다리는 이성처럼 떨리는 마음으로 애써 웃음 지으며 답변을 기다린다. 내가 웃는 게 웃는 게 아니란 말이다. 결과는 어떤가? 모른다! 웃어주던 그녀가 나를 떠날지, 표정 없던 그놈이 나에게 애프터를 신청할지는 아무도 모른다. 이를 어쩌나?

전통적으로 대한민국에서 연애를 하려면 '열 번 찍어 안 넘어가는 나무 없다'는 속담을 믿어야 하고, 전통적으로(!) 대한민국에서 명연사가 되려면 학벌과 카리스마 넘치는 목소리로 무장하거나 청중을 웃기는 엔터테이너가 되어야 한다. 다시 말해, 대한민국에서 강사는 청중을 휘어잡는 '포스'가 있든가 '유머'가 넘쳐야 한다. 열정? 그건 기본이니까 넘어가자.

그런데 이제 시대가 바뀌었다. 얼마 전 장관 출신의 강사와 함께 강의를 진행했다. 그는 어마어마한 포스로 등장했고 3,000여 명의 청년 청중이 그에게 집중했다. 그러나 얼마 지나지 않아 3,000여 명의 청중이 졸기 시작했다. 당연히 전직 정부 고위 관료였던 강사는 화가 났다.

"사람들 태도가 돼먹지 않았어!"

이 시대 청중은 강사가 아닌 그의 '강의'에만 반응한다. 보기만 해도 웃음이 나오는 강사가 등장했다. 그는 분위기를 띄우기 위해 갖은 애를 썼다. 일부는 웃었고 일부는 표정이 없었다. 비장의 무기인 동영상이 나오자 여기저기에서 "나 저거 봤어"라는 말이 새어 나오고 웃음 가득한 강사의 얼굴엔 어느새 진땀이 흘렀다.

이미 세상에는 재미있는 게 아주 많다. 아, 어쩌란 말인가?

21세기 청중에게 최고의 강사는 청중의 머릿속에 있는 생각을 끄집어내어 보여주는 사람이다. 지금부터 청중의 머릿속으로 들어가보자. 1978년 교육학자인 던 부부Dunn & Dunn의 학습자들에 대한 연구, 천재 심리학자 밴들러Richard Bandler와 그린더John Grinder의 신경언어학NLP 연구 등에 따르면 학습자는 네 가지 스타일로 나뉜다고 한다. 사람들은 보고視, 듣고聽, 움직이고動, 느끼며感, 논리적知으로 생각한다. 이론을 설명하기 보다는 눈과 입, 손과 발, 머릿속을 정리할 수 있는 실질적인 조언에서 시작하자.

● **보여줘, 시각형**

보는 것은 우리에게 가장 익숙한 학습 방식이다. 그래서 PT와 동영상 준비에 그토록 오랜 시간을 투자한다. 시각적 학습자에게는 사진, 그래프, 색깔 등이 확실히 큰 도움이 된다. 단, PT

청중은
보고, 이야기하고,
움직이고, 적으며
느끼고 생각한다.

로 구구절절 설명하지 말고 키워드만 넣고 나머지는 강사가 설명한다. PT 구구절절 금지!

PT에 지나치게 의존하면 청중이 PT만 바라보게 된다. 그런 강의에서 강사와 청중은 서로 어색하다. 바로 눈앞에서 몇 시간이나 강의했는데도 강의가 끝난 뒤 청중에게 강사가 말 나누기 어려운 아저씨, 아줌마라면 PT가 구구절절했던 거다. 약은 약사에게, 핵심은 PT에게, 말은 강사가. 잊지 말자, 학창 시절 교재를 줄줄 읽던 선생님에 대한 아픈 기억을! 학생이 책상에 머리를 파묻는 그런 강의는 그만. 다시 한 번. 시각 자료는 핵심만. 구구절절 금지!

● 따라 해, 청각형

청중의 참가를 끌어낼 수 있는 가장 놀라운 기술은 '따라 하기'이다. 많은 탁월한 엔터테이너들이 이 기술을 사용한다. 청각이 지닌 잠재력은 노래방에서 어마어마하게 발휘된다. 누군가가 노래를 부르고 내가 아는 소절이 나오면 입이 달싹거리며 어느새 따라 부르고 있다. 내가 좋아하는 이문세의 '붉은 노을'이 클라이맥스로 치달으면 나는 더 이상 참지 못하고 "난 너를 사랑하네, 이 세상 너뿐이야!"라고 신나게 따라 한다.

강의도 그렇다면 어떨까? 아는 내용이 나오면 참지 못하고 이야기할 정도로 학습이 된다면 얼마나 신이 날까? 그러니 청중이 노래하게 하라. 진짜 노래를 시키라는 것이 아니다. 따라 하게 하라. 가수가 중요 소절에서 마이크를 내밀어 관객과 함께 부르고 개그맨이 사람들에게 자신의 유행어를 따라 하게 하는 것처럼, 중요한 부분을 물어보라. 예를 들어서, "두 번째에 말씀드렸던 파트는 질문하라는 것입니다. 자! 뭘 하라고요?"라고 말이다.

질문을 던지고 청중이 생각할 시간만 줘도 굉장한 파워가 생긴다. 청중에게 무언가 물어보고 따라 하게 하는 일이 결코 쉽지 않다. 그래도 하자. 변화를 원한다면 해보자. 작지만 큰 걸음이 된다. 서로의 에너지를 느끼고 반응하자. 함께 따라 하게 하라! 단순하지만 서로의 목소리를 들으면 강의장이 함께 만드는 게임장이 될 것이다. 따라 하게 하자! 따라 해봅시다. 청각, 뭐라고요?

● 움직여, 감각형

윤도현 콘서트에서 윤도현이 "일어나!"라고 외치면 사람들이 환호하며 "와!" 하고 일어났다. 옆 사람 눈치를 보며 앉아 있는데 한 사람이 어색했는지 "어, 다 일어나네?" 하면서 일어난다. 되게 어색하지만 움직이고 싶었던 거다. 나도 아내에게 "일어나는 거래"라며 슬쩍 아내를 일으켜 세웠다. 일단 일어서니 손이 움직였고, 어느새 나는 뛰고 있었다. '재미'있었다. 모두 하나가 되어 있었다. 완벽하게 가수에게 빠져들었다.

강의장은 콘서트장과 다르다고 생각할 수 있다. 움직임에서 자유롭지 않다. 가수와 같은 에너지로 "일어나!"라고 소리를 칠 수도 없고 그럴 자신도 없다. 청중을 춤추고 뛰게 하기는커녕 팔짱 낀 손 푸는 것도 벅찰 때가 많다. 그런데 움직이면 하나가 된다. 움직이면 강의에 빠져들 모멘텀이 주어진다. 청중을 하나로 엮고 강사에게 집중하게 하는 마법은 '움직임'이다.

어떻게 하면 일단 움직이게 할 수 있을까? 강의를 딱딱하게 시작하면 청중을 움직이게 하는 것은 어려워진다. 그러나 청중을 움직임에 끌어들이는 첫걸음은 의외로 간단하다. 강의의 처음과 끝을 움직임으로 선점하라. 원래 그렇다는 듯이 움직이게 해라. 학창 시절에 '일어서! 차렷! 경례!' 하고 나면 자신도 모르게 소속감이 생기고 하나가 됨을 느꼈을 것이다. 그처럼 같이 움직이면 강의에 빠져들어야 할 당위성이 마음속에 생기게 된다. 강의 처음과 마지막을 점령하라! 아주 쉬운 예시를 연습해 보자.

"자, 박수로 시작해볼까요?"

"자, 힘찬 박수로 강의를 마무리하죠."

이 간단한 실행이 강사를 빛나게 한다. 움직여라, 춤춰라, 아무도 없는 것처럼!

● 적어봐, 지각형

대한민국에서 강사가 잊어서는 안 되는 것이 있다. 필기를 좋아하는 사람이 많다는 것. 더불어 적으면서 생각을 정리하는 사람이 유난히 많다는 것. 강의를 오랫동안 진행한 입장에서 이야기하자면 청중도 강사만큼 부끄럽고 멋쩍다. 한국 문화에서 강사와 눈을 똑바로 맞추기도 어색하고, 몸을 어떻게 할 줄 몰라서 책상에 수첩과 펜이 있으면 편안하고 위로도 되고 그렇다.

그래서 청중을 쉽게 해줄 필요가 있다. 옆 사람이랑 잠깐 이야기하게 한다거나 들었던 내용을 적어서 정리하게 한다거나 하는 것이 청중에게 쉬는 시간보다 좋은 휴식이 된다. 그 시간이 강사에게도 휴식과 정리의 시간이 된다는 사실은 두말할 필요 없다.

필기를 활용하는 것에서 좀 더 진일보한 비법이 '커닝을 허하라!'는 것이다. 사람마다 배우는 방식이 달라서 수첩에 적으라고 하면 어떤 사람은 난리다. 꼭 뭔가 정답을 찾는다. 그래서 빈 수첩만 바라보고 있다. 그러니 커닝할 시간을 주자. 적은 것을 옆 사람끼리 보여주고, 말하고, 좋은 내용은 "베끼세요!" 하는 거다. 멋지게 적은 사람은 뽐낼 기회가 생겨 기분이 좋아지고, 못 적고 우왕좌왕하던 사람은 안정감을 느끼고 머릿속에서 정리도 되니 좋은 방법이다.

청중이 재미를 느끼는 학습 스타일은 크게 네 가지로 나뉜다. 지금까지 설명한 시각형, 청각형, 감각형, 지각형이 바로 그것이다. 모든 사람을 만족시키는 강의는 반드시 네 가지 요소를 모두 포함하고 있다. 청중은 보고, 이야기하고, 움직이고, 적으며 느끼고 생각한다. 당신이 준비하는 강의에 빠진 것이 무엇이고 어떻게 더할지 지금 계획을 세우자. 당신의 강의가 청중의 눈과 귀, 손과 발, 가슴과 머리를 모두 만족시키기를 기대한다.

CHAPTER
3

왜 **사람**은 **움직**이면서 **이야기**할까

정말 폼 나는 강의를 만들어내는 첫 번째 비언어적 강의 기술은 '동선'이다.
멋진 동선이야말로 강의를 돋보이게 하는 꽃이며, 청중에게는 배운 내용을 확실하게
머리에 꽂히게 하는 최고의 선물이다. 청중의 시선을 끌기 위해
많은 강사가 동선보다는 간단한 게임과 재치 있는 한마디를 부단히 연습하는 것이 현실.
물론 그런 것을 갖춘다면 금상첨화겠지만 몇 발자국이라도
'제대로' 움직이는 것이 강의에 멋을 더한다.

07

강사에게는 그만의 동선이 있다

　UCLA의 심리학과 명예교수인 앨버트 메라비언Albert Mehrabian은 저서 『Silent Messages』에서 말은 커뮤니케이션에서 단 7퍼센트만을 차지하고, 비언어적 메시지가 93퍼센트라고 결론을 내린 바 있다. 강의하는 입장에서 해석하면 강의를 위해 먼저 알아야 할 것은 '말'이 아니라는 것이다. 말은 아무리 멋지게 해도 강사로서의 '폼'이 나지 않는다. 정말 폼 나는 강의를 만들어내는 첫 번째 비언어적 강의 기술은 '동선'이다. 멋진 동선이야말로 강의를 돋보이게 하는 꽃이며, 청중에게는 배운 내용을 확실하게 머리에 꽂히게 하는 최고의 선물이다. 청중의 시선을 끌기 위해 많은 강사가 동선보다는 간단한 게임과 재치 있는 한마디를 부단히 연습하는 것이 현실. 물론 그런 것을 갖춘다면 금상첨화겠지만 몇 발자국이라도 '제대로' 움직이는 것이 강의에 멋을 더한다.

안타까운 점은 어떻게 움직여야 하는지를 아는 강사가 극소수에 지나지 않는다는 것이다. 내가 좋아하는 TED 강사 중에 토니 로빈스Tony Robbins가 있다. 세계 최고의 코치이자 동기부여 강사인 그는 내가 가장 닮고 싶은 동선의 모델을 보여준다. 사람들이 그에게 빠져드는 이유는 세계 최고라는 타이틀이 아니라, 보이지 않는 수많은 강의 기술 때문이다. 최고의 강사가 되기 위해 그에게서 배워야 할 것은 매혹적인 스텝, 발걸음이다. 강의가 끝날 때까지 꿈쩍 않고 한곳에 서 있는 대한민국의 강사들에게 가장 먼저 알려주고 싶은 강의 기술은 무대에서 스텝 밟는 법이다.

사람은 자연스럽게 움직일 때 이야기를 더 잘하게 설계되어 있다. 그래서 TV 프로그램에서 명사와의 만남이나 연예인 인터뷰를 보면 유난히 걷는 장면이 많이 나오는 것이다. 강의에 발을 들여놓고 싶으면 먼저 발을 떼야 한다. 발을 움직일 줄 아는 사람은 마음도 움직일 줄 안다. 마음이 가는 곳으로 발걸음도

가기 마련. 물론 움직이지 않고 이야기하는 강사가 아직은 더 많다. 나 역시 그런 강사들을 더 많이 만났다.

2012년에 마이크임팩트(긍정적인 동기motive와 감동적인 이야기 story, 가치 있는 지혜wisdom를 생산하는 것을 모토로 하는 강연 문화 기업)와 진행했던 명사들의 강의 코칭에서도 저명한 작가와 연기자, 아나운서, 교수를 만나며 이 사실을 또다시 확인했다. 각자의 분야에서는 이미 명사였지만 강사로서는 아직 발걸음을 떼지 못했다는 사실을 말이다. 강사의 동선에 대해 궁금한 독자, 예비 강사들에게 명사 강의 코칭 내용을 일부 소개한다.

명사 강의 코칭을 진행할 때 가장 아쉬웠던 점은 앉아서 말로 코칭할 수밖에 없는 환경이었다. 명사를 일어나게 하고 시연을 시키기에는 조심스러운 분위기였다. 강의 코칭 때에는 직접 강의를 보며 짚어나가는 방법이 가장 정확하다. 아쉬운 대로 강의 동영상을 보며 1차 코칭을 하고 이야기를 나누었다. 대부분 명사들의 강의는 '그 자리'에서 이루어지고 있었다. 목적을 갖고 보는 강의 동영상인데 10분도 참 길게 느껴졌다. 내용은 모두 훌륭하고 소중한 인생의 가치를 담고 있었는데 가장 아쉬웠던 것은 강의의 역동성이었다. 명사들 모두 강의하는 내내 발걸음을 떼지 못한다는 사실이 안타까웠다. 차라리 재미있고 센스 있게 강의에 인용할 유머나 사례, 또는 청중을 웃기는 게임 몇 가지를 알려주는 게 속이 편할 것 같았다.

사람은
자연스럽게 움직일 때
이야기를 더 잘하게
설계되어 있다.

그런데 막상 얼굴을 마주하고는 그들이 초보 강사처럼 청중을 아주 진지하게 고민하고 있음을 느꼈다. 결국 명사 강의 코칭 때마다 나는 그들과 강의 내용에 대해 이야기를 나누고, 발전 방향을 함께 모색하게 되었다. 나도 모르게 진심이 터져 나왔다.

"시대가 변하고 있습니다. 옛날에는 연단에 올라 왼손 들고, '이 연사' 오른손 들고 '소리 높여' 양손 든 채로 '외칩니다!'라고 하면 박수 쳐주었는데, 21세기 청중에게는 씨알도 먹히지 않습니다. 이미 잘 알고 있겠지만 웬만한 수준의 내용은 그 어떤 강사보다 인터넷이 더 잘 알려주잖아요? 정말 중요한 것은 '무엇'을 전달하는지가 아닙니다. '어떻게' 전달하는지가 강의의 수준을 결정합니다. 움직여야 해요. 움직이는 법을 배워야 시대를 움직이는 강사가 될 수 있습니다."

강사가 발걸음도 떼지 않으면 청중은 관심을 거둔다. 명사인 작가분이 내 말이 맘에 들었는지 진지하게 질문을 했다.

"어떻게 하면 청중이 몰입할까요? 아니, 졸지만 않아도 좋겠습니다."

"강의의 동선을 배우세요. 강의는 사랑에 빠진 남성이 여성에게 마음먹고 고백하는 것과 같아요. 고백을 한다고 상상해 보세요. 멀리서 그녀가 보이고, 서로를 보고 손을 흔들며 인사하죠. 거기에만 머무르면 마음을 전할 수 없어요. 그녀에게 다가가야지요. 한 걸음 한 걸음 고백하려고 다가가면 얼마나 떨리겠습니까? 그러나 한편으로 한 걸음 내딛을 때마다 그녀에게 몰입하게 됩니다. 그녀에게 가까이 다가가서 하고 싶은 이야기를 하는 거죠! 그녀를 사랑하는 이유를 이야기하고 고백하는 겁니다. 그녀가 나를 받아들이면 어마어마한 전율과 환희를 느낄 것이고, 거절하면 말할 수 없는 슬픔을 느끼겠죠. 그때가 바로 그녀와 내가 소통하는 순간입니다. 강의도 그와 다르지 않아요. 아니, 그게 강의입니다! 그런데 운명적 사랑은 한 번만 잘하면 되지만 강의는 수십 번, 수백 번 해야 되잖아요. 그러니까 하나하나 연습해야만 하는 겁니다. 대중과 소통하는 강의 선수가 되는 방법을 배워야 합니다."

실제로 강사를 희망하는 분들이 나를 찾아올 때가 있다. 멋진 최첨단의 강의 내용을 보여주며 코칭, 협업을 부탁할 때가 많다. 그럴 때면 나는 으레 10분 정도의 시연을 부탁한다. 그리고 강의가 시작되고 1분이 안 되어 나는 오디션 프로그램의 심사위원처럼 "여기까지요"라며 강의를 멈춘다. 아까운 시간을 소모할 때가 많아서 그렇다. '어떻게' 전달하는지가 중요한 시대에 예비 강사들은 대부분 PT와 원고 작성에 많은 시간을 소모한다. 그리고 연단에 서서 자신은 감추고 내용을 앞세우는 모습이 90퍼센트 이상을 차지한다.

처음부터 강사 자신을 숨긴다면 움직일 리 만무하다. 그리고 강의를 멋지게 꽃피울 수 없음을 직감한다. 설사 움직임을 준비하더라도 심사위원인 내 앞으로 한 걸음 나오기 힘들어한다는 것에 한 표를 던진다. 강의가 시작되고 십중팔구는 내 예상대로 진행된다. 그리고 "잠시만요" 하고 한숨을 크게 쉰다. 상처 줄 마음은 없다. 그래서 내가 알고 있는 가장 좋은 말로 위로하고 다음 기회를 기약하며 헤어진다. 동선은 강사의 자신감을 보여주는 가장 중요한 잣대이다. 강의를 업으로 삼겠다는 사람이 연단과 PT 뒤에 숨는다면 갈 길이 너무 멀다.

강의를 코칭하고 있는 나 역시 처음부터 자연스럽게 동선을 그렸던 것은 아니다. 나를 쳐다보는 수백 개, 수천 개의 눈이 있는 곳에서 한 걸음 앞으로 나아가는 것만으로도 온몸에 땀이 날 것 같은 힘겨운 경험을 한 적도 있다. 그래도 움직여야 한다. 실력은 머리가 아닌 몸, 행동에 의해 더 늘어난다. 그렇게 움직이며 쌓은 '진짜 강의력'은 내 강의에 생명을 불어넣고 청중의 마음도 움직인다.

더욱 놀라운 것은 강의 콘텐츠도 움직임을 더하면서 덩달아 체계화된다는 사실이다. 프로 강사들이 쇼를 하듯 멋지게 보이려고 움직이는 게 아니다. 전달하고 싶은 내용의 강약에 따라 계산된 동선으로 움직이고, 그것이 익숙해지면 강의 콘텐츠도 정교해지고 논리적으로 다듬어진다. 몸짓에 내용이 실리고, 내용에 몸짓이 더해지기도 하면서 하모니를 이루어나가는 것이다.

많은 강사가 청중과 소통하며 영향을 주고받는 강의를 꿈꾼다. 정말 소통하는 강의를 원한다면 발걸음을 떼어야 한다.

08

강의장에 닻을 내려라

　나에게 '강의'와 가장 비슷한 느낌으로 다가오는 단어는 '공연'
이다. 강의와 공연은 청중에게 메시지를 통해 에너지를 전달하
며, 청중을 이해하고 내용을 전달할 때 성공적이다. 또한 머리
뿐 아니라 가슴도 채워주어야 한다는 공통점이 있다.

　눈앞의 청중을 두고 그들의 입장에서 이해하고 머리와 가슴
을 울릴 때 강의도, 공연도 성공한다. 우리나라의 강의에서 가
장 아쉬운 부분이 역동성이다. 움직이지 않는 강의가 대부분이

라는 말이다.

 가수 싸이가 일약 '국제 가수'로 떠오르며, 세계 음악 차트를 석권하는 기염을 토한 적이 있다. 공연의 귀재 싸이에게서 역동성, 동선의 힌트를 얻어보자. 눈을 감고 싸이의 무대를 상상해보자. 무대는 가로로 넓게 펴져 있고 가운데에 관객들 사이로 긴 런웨이를 만들었다.

 T자형 무대를 만들고, 그 무대를 쉴 새 없이 누빈다. T자형 움직임으로 수만 명에 달하는 사람들에게 에너지를 전달하는 것이다. T자라면 전후좌우로 움직이는 것인데 그렇게 왔다 갔다 하면 너무 산만하지 않을까 우려하는 선비형 강사들이 있다. 그런데 선비형 강사들이 원하는 지식과 논리도 계산된 움직임을 통해 완성되는 법. 이제 부동자세 강의는 버리고 춤추는 선비가 되었으면 하고 청중은 원한다.

 좋은 평가를 받는 강사들의 강의를 모니터링하면 의외로 말을 잘한다기보다 몸을 잘 쓰는 경우가 많다. 이 대목에서 "강사는 말을 전달하는 사람 아닌가요?"라고 묻는 독자가 있다면 훌륭한 강사들의 명강의 동영상을 음소거 상태에서 보라고 권하고 싶다. 들리지 않는 상태에서 그들이 무엇을 말하고자 하는지 느껴보자. 강사의 몸짓에서 강의 수준과 에너지를 쉽게 짐작할 수 있으리라. 이제 좀 더 구체적으로 들어가자.

● **앞뒤로 움직일 때 활용하면 좋은 VAK 동선**(VAK Corridor)

지금부터 설명하는 전후 동선은 앞에서 소개한 던 부부의 학습 스타일 진단 이론에 기반을 두고 있다. 왜 강의에 움직임을 더해야 하는지 알고 싶은 분들을 위해 먼저 던 부부의 학습 진단 스타일을 설명한다.

던 부부는 80여 년간 학습 스타일에 대한 연구를 검토하여 학습자 스타일에 따라 하루 중 가장 집중할 수 있는 시간, 학습에 효과적인 집단 형태(개인 또는 그룹), 후각과 촉각에 의한 학습 진단 방식 등을 개발하였다. 사람은 오감五感을 통해 학습한다. 나는 오감 중 교실에서의 학습과 가장 관계가 적은 후각과 촉각을 제외한 VAK[Visual(시각), Auditory(청각), Kinesthetic(운동감각)]를 도입하여 강사가 효과적으로 동선을 활용하도록 적용해 왔다.

대중 강의에서 VAK를 활용한 동선은 강사가 취할 수 있는 가장 자연스러운 동선으로, 우리가 가장 많이 보는 동선이기도 하다. 강사가 프레젠테이션 화면 근처에 서 있다면 청중은 시각, 청각, 운동감각 중 어느 감각을 사용하게 될까? 당연히 화면에 나타나는 PT나 시각 자료를 보게 되는데, 강사가 서 있는 화면 근처, 바로 거기가 시각 동선이다. 스크린 바로 옆에 서서 손(또는 레이저 포인터)으로 짚어가며 포인트를 말해 준다.

강사가 스크린 근처를 떠나 몇 걸음 앞으로 나오면 청중은 강

사에게 집중하게 된다. 바로 이 동선이 아이디어를 설명하는 청
각 동선이다. 강사가 청중 앞으로 더 다가간다면 뭔가 중요한
이야기를 하고 싶은 것임에 틀림없다. 그때 주제와 관련된 개인
적인 이야기를 하거나 강조점을 말하면 효과적인데, 바로 그 지
점이 운동감각 동선이다.

매우 간단하다. PT를 보여주고, 나오면서 아이디어를 이야기
하고, 더 다가서면서 개인적인 이야기를 더하는 것이 VAK 동선
이다. 단, 이때 청중이 강사에게 매우 우호적이어야 한다는 전
제가 있다. 그런데 청중은 처음 보는 강사에게 그다지 호의적이
지 않아 호응을 얻는 게 쉬운 일이 아니다.

다시 말하지만 방법은 매우 간단하다. 앞으로 걸어 나가면서
아이디어를 전달하고 중요한 내용을 강조하고, 다시 스크린 근
처로 돌아와 내용을 설명하고 그러면 된다.

그런데 청중이 앞에 있으면 발이 떨어지지 않는다. 한 걸음
내딛어야 할 곳이 그렇게 머나멀 수 없다. 용기 내서 청중 앞에
다가섰다 스크린 앞으로 돌아오는 길은 또 왜 그리 멀기만 한
지. 이 동선을 연습하고 실제 강의에 적용했다가 움직이면서 전
달할 내용을 잊어버려 낭패를 본 강사도 많다. 그래서 연습해야
한다. 의식적으로 앞뒤로 움직이며 가장 자연스러운 동선을 창
조해야 한다.

싸이의 말춤이 하루아침에 나왔겠는가? 더 많이 연습해서 나

VAK 동선

로부터 자연스럽게 동선이 나오도록 하는 것이 핵심. 책을 보고
한두 번 도전했다가 실패했다고 포기해서는 안 된다. 세상에 어
떤 것도 한 번에 완성되지 않는다.

연인들이 10미터 떨어져서 사랑을 고백한다면 심장이 뛰는
소리를 서로 느끼지 못한다. 가까이 붙어 있을 때 공감대가 형
성되고 사랑이 전달되는 법. 강의로 내 이야기를 전달하고 싶다
면서 처음부터 끝까지 칠판이나 스크린 옆에 붙어 있는 것은 멀
찌감치 떨어져서 상대의 가슴이 뛰기만을 바라는 것과 같다. 시
작하자마자 용감하게 청중 앞으로 뛰어드는 것은 위험하다. 차
근차근 다가가라. 연애하듯 밀고 당기며 청중에게 다가서라.

● 좌우로 움직일 때 기억해야 할 공간 앵커링(Location Anchoring)

좌우 동선은 NLP의 앵커링 이론에 기초하고 있다. NLP는 1970년대 중반 언어학자 존 그린더와 당시 수학을 공부하던 리처드 밴들러가 고안했다. 두 사람은 당대 최고의 심리학자이자 게슈탈트 치료법Gestalt Therapy의 창시자 프릿츠 펄스Fritz Perls와 가족 치료의 선구자 버지니아 사티어Virginia Satir, 정신분석학자 밀턴 에릭슨Milton Ericson 연구의 공통점을 연구해 NLP를 고안해냈다.

NLP는 특히 베트남전쟁이 끝나고 귀국한 뒤에도 전쟁 후유증으로 고통받는 80만 명이 넘는 미국인의 정신적 상처를 치료하며 그 효과를 증명했다. 그 후 NLP의 연구 영역은 언어 치료를 넘어 다방면으로 넓어졌다. 대통령, 연설가, 교수, 목사 등 최고의 커뮤니케이터들을 지속적으로 분석하며 개발된 NLP는 자연스럽게 커뮤니케이션, 교육, 비즈니스, 코칭, 스포츠, 스피치까지 영역이 확대되었다.

그 광범위한 연구 영역 중 좌우 동선과 연관이 깊은 공간 앵커링을 강의에 적용해보자. 앵커링은 매우 간단하다. 군대에서 아침마다 기상 음악을 들으면 자신도 모르게 벌떡 일어난다거나, 드라마 주제곡을 들으면 관련된 추억이 떠오른다거나, 고등어찌개를 먹으면 어머니의 따뜻한 사랑이 떠오른다거나 하는 것이 앵커링이다. 그중 특정 장소에 가면 과거의 기억이나 기분이 떠오르는 것을 공간 앵커링이라 한다. 예컨대 혼난 적이 있는 교무실에 가면 괜히 우울하거나 행복한 경험을 했던 여행지에 도착하는 것만으로도 행복감이 가득 차거나 하는 것이 공간 앵커링이라 하겠다.

강의에 적용되는 공간 앵커링의 원칙은 일정한 장소에서 늘 같은 내용을 전달하게끔 약속하는 것이다. 앵커링은 '닻을 내린다'는 뜻인데, 공간 앵커링을 잘 사용하면 닻을 내리듯 청중에게 정보를 정확하게 전달할 수 있다. 나는 공간 앵커링을 '청중의 가슴에 닻을 내리는 강의 기법'이라 정의한다. 청중의 가슴에 내 이야기의 닻을 내리는 방법은 간단하다.

리더십의 세 가지 원칙에 대해 이야기한다고 가정하자. 다음 그림에서 보듯이 강사는 자신이 서 있는 곳에서 왼쪽으로 움직이며 리더십의 첫 번째 원칙을 이야기하고, 다시 왼쪽으로 더 움직이며 두 번째 원칙을, 그다음에는 왼쪽 끝으로 움직이며 세 번째 원칙을 이야기하는 것이다. 세 가지 원칙을 간단하게 설명한 뒤 세부적인 설명을 할 때에도 닻을 내렸던(이야기를 했던) 장소를 기억하고 그쪽으로 가서 강의를 진행하면 된다. 강사가 서 있는 위치에 따라 오른쪽 방향으로 움직여도 무방하되 적용되는 원칙과 방법은 같다. 앞에서 언급한 토니 로빈스나 『새로운 미래가 온다』의 저자 다니엘 핑크Daniel H. Pink의 TED 강의를 보면 정말 제대로 된 '강의의 닻 내림'을 볼 수 있다.

공간 앵커링

앵커링을 사용하면 강의 전체가 논리적으로 정리되어 전달하고 싶은 내용을 주제에서 벗어나지 않고 명확하게 전달하게 된다. 청중의 강력한 몰입도는 덤이다. 여기서 한 가지 중요한 팁이 있다. 움직여서 앵커링 자리로 옮긴 뒤 멈추어 이야기할 때 강사가 최대한 덜 움직여야 한다. 그렇지 않으면 동작에 동작이 더해져 산만한 느낌을 주게 된다.

강의에서 동선의 원칙은 매우 간단하다. 그러나 중요한 것은 실천이다. 나는 천 명이 넘는 사람들에게 강의 원칙을 가르쳤는데 최고의 결과물을 내는 사람들은 똑똑하거나 많이 배운 사람들이 아니었다. 거듭된 실수에도 꾸준히 연습하고 실행하며 실전에서 부딪칠 줄 아는 성실한 사람들이었다. 탁월한 강의는 머리가 아닌 행동으로 이루어진다. 교실에서 나에게 배우는 사람들도 100퍼센트 완벽한 강사가 되어 교실을 나갈 수는 없기에 늘 실천에 대한 동기부여를 잊지 않는다. 이 책으로 나를 만나고 있는 독자에게도 실천의 중요성을 거듭 강조하고 싶다.

어느 날 오랫동안 파트너로 일해온 부산지방우정청의 이정희 교육원장님이 연락을 했다. 부서를 옮기고 한 번도 강의를 해보지 않은 신임 교육원장을 강사로 만들어 달라는 것이었다. 이 책을 읽는 독자들에게 더 없이 좋은 기회다 싶어 그때 했던 동선 훈련 팁을 생생히 소개한다.

09

움직여라, 그리고 외우지 말고 말하라

강의를 코칭하면서 늘 동선과 같은 비언어적 도구를 먼저 습득하게 하는 데에는 이유가 있다. 많은 사람이 강의는 타고난 말발에 의해 좌우된다고 생각한다. 그래서 시작도 하기 전에 지레 겁부터 잔뜩 먹는다. 그러나 강의는 절대로 타고난 말솜씨만으로 되는 것이 아니다. 또한 아무리 타고난 재능이 있더라도 체계적인 훈련과 연습을 통해서만 재능이 빛을 발한다. 누구나 제대로만 배우면 대중을 이끄는 강의를 할 수 있다. 실제로 무대 앞에서 떠는 이유는 강의에 대한 막연한 두려움 때문인 경우가 많다. '나는 말을 못 한다'고 스스로 한계를 만들어 갇힌 사람들의 몸을 풀기 위해 먼저 동선을 습득하게 하는 것이 내 강의 코칭의 순서다. 그런데 참 신기하게도 제대로 몸을 움직이기 시작하면 강의의 콘텐츠, 목소리 톤, 자세가 동시에 바뀌는 경우가 많다.

동선에 관한 코칭을 하다 보면, 코칭을 받아들이는 몇 가지 스타일이 있다. 먼저 프로 강사형. 아나운서, 프로 강사, 교수 등으로 10년 이상의 내공과 경력을 자랑하는 사람이 여기에 속한다. 프로 강사형은 동선에 집중하기보다는 훈련된 화술로 청중을 사로잡고 동선을 놓치더라도 프로답게 강의를 어느 정도 해낸다. 또한 십중팔구는 약속된 동선이 어색해 그대로 재연하지 못했다며 좋은 모습을 보여주지 못했다는 아쉬움을 전한다. 장점은 자신감, 아쉬운 점은 강의 코칭을 100퍼센트 배워 가지 못한다는 것이다.

다음으로는 신병형. 꿈과 희망을 전달하고 싶은 진심 어린 눈빛의 초보 강사들이다. 한번은 모 방송국에서 어머님들을 강사로 훈련시키는 프로그램을 진행하였다. 강의할 분들의 눈동자가 이미 흔들리고 있었다. 신병 훈련소의 신병들 눈빛이 그렇지 않을까? 대부분의 어머님이 평소에 상당한 말발을 자랑하는 분들이었음에도 무대와 청중이라는 새로운 환경에 적응하지 못하고, 준비한 만큼 강의를 하지 못하는 아픈 경험을 겪었다. 아무리 후한 칭찬을 하고 장점을 알려줘도 첫 강의 결과가 좋지 않으면 귀에 들어오지 않는다. 강의장의 에너지와 청중의 태도에 익숙해지는 것이 무엇보다 중요하다. 준비되지 않은 무대는 '상처뿐인 영광'을 안겨주기 마련이다. 신병형의 장점은 강의에 대한 진정성과 겸손함, 아쉬운 점은 잠들어 있는 잠재력이다.

다음은 엔터테이너형. 이 유형에는 배우, 개그맨, 사회자, MC가 직업이거나 말하기와 관련된, 에너지 넘치는 직업을 가진 사람이 많다. 그들의 동선은 자못 위협적인 경우도 있다. 웃으면서 등장하지만 갑작스레 청중 앞으로 다가가 질문하며 긴장감을 높이는가 하면, 관심을 끌기 위해 전혀 정리되지 않은 움직임을 펼쳐 산만하다. 처음에 웃어주던 청중도 잦은 접근과 산만함에 점점 '얼음'이 된다. 상황은 점점 안드로메다로 가버린다. 결국 엔터테이너형은 자신만의 세계로 들어간다. 그들의 장점은 넘치는 에너지와 호소력, 아쉬운 점은 습관을 바꾸는 데 오래 걸린다는 점이다. 그래서 이름난 개그맨, MC들도 처음 강의하면 진땀을 빼고는 한다.

2010년 TV 프로그램 「남자의 자격」에서 강사로 변신한 출연자들의 모습은 동선으로 분석한 강사 스타일을 잘 보여 준다. 앞뒤 동선의 움직임만 보아도 강사와 청중의 소통 정도를 쉽게 파악할 수 있다. 이경규 씨는 의외로 연단과 칠판 쪽에 주로 서 있었다. 다시 말해, 청중과 거리를 둔 경우다. 프로 코미디언이지만 신병형의 강의 동선을 보여주었다. 청중과 먼 거리를 유지했다면 시각 자료를 사용하는 것이 도움 되는데 이경규 씨의 강의는 거리를 둔 채 시각 자료를 거의 사용하지 않았다. 더군다나 전 국민이 알고 있을 법한 영화 「복수혈전」, 「복면달호」와 관련된 사연을 통해 삶의 교훈을 전달할 때에도 청중에게 다가가기보다는 칠판 근처에 머물며 강의해 더 큰 공감대를 형성할 기회를 놓친 점이 아쉬웠다.

반면에 '국민 할매'라는 애칭이 있는 김태원 씨는 로커답게 엔터테이너형 동선을 선사했다. 무대의 맨 앞으로 나와 청중과 가장 가까운 곳(운동감각 동선)에서 진심을 전했다. 청중과 먼 거리에 있을 때에는 강의 내용이 정리되지 않다가도 청중 근처에서는 강의가 빛을 발했다. 강의 내용은 다 기억나지 않더라도 진심을 전달한 것이 그의 강의가 지닌 특징이다.

김국진 씨는 모범적인 동선을 보여주었다. 연단 앞으로 나와 "나 귀엽죠?"라고 질문(청각 동선)을 하는가 하면 연단(시각 동선)으로 가서 자신의 이야기를 담담하게 전하고 다시 청중 앞으로 나와(운동감각 동선) 롤러코스터 같은 그의 인생을 진솔하게 나누며 청중과의 공감대를 형성하고 스스로도 눈물을 보였다.

강의를 듣지 않고 동선만 파악해도 강의의 많은 부분을 파악하고 감지할 수 있다는 것은 결코 과언이 아니다. 내가 직접 강

동선은 강의의 가장 기본,
청중과의 소통을 가능하게 하는
필수 요소이다.

의 코칭을 맡았던 부산지방우정청의 김동현 교육원장님은 강의나 강연 경험이 한 번도 없는 분이었다. 처음 전화로 인사를 나누었을 때 부산 특유의 억양에 묻어나는 남자다우면서 겸손한 목소리가 인상 깊었다. 바로 3분 강의를 준비하라는 숙제를 드리고는 일주일 뒤에 만나기로 했다. 숙제를 드리자마자 원장님의 목소리가 급격히 긴장했음을 느낄 수 있었다. 전형적인 초보 강사의 반응이지만 강의에 대한 진지함이 느껴져 좋은 만남이 기대되었다.

코칭하는 날이 되어 직접 만난 원장님은 물어볼 필요도 없이 신병 스타일이었다. 강의하며 움직인다는 것은 상상도 할 수 없는 상황. 내 앞에서 보여줄 이미 외워둔 강의 내용은 어디론가 사라지고 땀을 뻘뻘 흘렸다. 첫 번째 코칭을 드렸다.

"원장님, 강의 내용을 외웠다는 것은 의미가 있습니다. 하지만 실제 무대에 서면 외운 내용은 버리세요. 청중과 호흡하면서 강의 내용은 얼마든지 바뀝니다. 다만, 강의할 내용 중에서 중요한 포인트 세 가지만 기억하세요."

중요한 내용을 이미 열심히 적고 외웠으니 생각나는 대로 강의를 풀어나가라고 제안했다. 원장님 강의의 핵심 세 가지는 커뮤니케이션의 본질, 종류, 기술이었다. 또한 강의 자체에 얽매이지 말고 자녀들에게 이야기하는 상황을 상상할 것을 제안했다. 코칭 후 연습을 반복하니 진솔하고 매력적인 목소리와 제스처가 자연스럽게 나오기 시작했다. 처음에 비해 훨씬 부드러워졌다. 참관하던 다른 직원들도 "아!" 하며 외마디 감탄을 내뱉었다. 다음 세 가지를 잊어서는 안 된다.

1. 스스로 자신만만하라.
2. 외우지 말고 핵심 포인트만 기억하라.
3. 가장 편안한 사람에게 전달한다고 상상하며 연습하라.

이어서 전후 동선을 알려드렸다.

"강조하고 싶은 포인트가 있을 때에는 조금 앞으로 나와서 이야기해보세요. 처음에는 동선부터 정해야 됩니다."

한 걸음 내딛는 폼이 어딘가 이상했다. 아뿔싸! 신병 훈련소에서 볼 수 있다는 오른손 올리고 동시에 오른발 내딛기를 하고 있었다. 그것 역시 강의 동선을 처음 익힐 때 겪을 수 있는 일반적인 증상 중에 하나이다. 안 움직이던 몸을 움직이니 내용도 잊고, 몸도 내 몸이 아닌 상황이다.

"좋습니다! 제가 동선을 익히는 비밀을 하나 알려드리지요. 아주 간단합니다. 움직이고 나서 말하세요. 몸이 그간 익숙하지 않은 패턴을 배우는 중이니까 몸과 머리에게 차근차근 하나씩 알려주는 겁니다. 먼저 움직이고 멈추어 선 다음 이야기하면 동선이 점점 몸에 익숙해질 겁니다."

차근차근 배운 대로 시도하고 연습했다. 놀랍게도 단 10분만에 동선이 몸에 배기 시작했다. 엄청난 일을 한 것도 아닌데 조금씩 강의에 변화가 일어나고 있었다. 그다음은 좌우 동선을 습득할 차례였다.

"자, 이제 앵커링을 사용해서 좌우 동선을 사용해보세요. 마찬가지로 움직이고 나서 이야기를 하세요. 전후 동선으로 첫 설명을 한 뒤에는 한 걸음 앞에 나와서 머물러 있으세요. 그래야 좌우 동선이 익숙해지니까요."

이 모습을 지켜보는 사람들에게는 웃긴 상황일 수도 있다. 한 걸음 움직이고 이야기하고, 한 걸음 움직이고 이야기하고, 마치 아기처럼 아장아장 걸음마를 연습하고 있으니 말이다. 그런데 한 걸음 나아갈수록 눈에 띄게 발전하고 있었다. 목소리가 커지고 청중을 바라보는 시선도 자연스러워졌다. 열 문장 남짓한 내용을 반복하며 내가 코칭하는 기술을 습득했는데 그것으로 충분했다. 많은 양을 이야기하는 것이 아니라 정확하게 전달하는 법을 배우는 것이 중요하다.

4시간의 동선 강의가 끝난 뒤 원장님의 표정에 그렇게도 바라던 자신만만한 미소가 묻어났다. 간단한 동선을 숙지하자 강사 스스로 제스처와 표정, 시선 처리는 물론 논리적인 강의 전개까지 이해했다. 행동하면서 몸과 마음의 상태도 달라진 것이다.

강의 내용과 동선을 연결하는 포인트를 다시 정리해보자.

●— 1. 나는 충분히 강의를 잘할 수 있는 사람이라고 생각한다.

2. 강의할 내용을 핵심 포인트 중심으로 준비한다.

3. 편안한 사람에게 이야기하듯 자연스러워질 때까지 연습한다.

4. 전후 동선을 적용하여 강조할 부분은 전진해서 이야기하는 것을 반복한다.

5. 익숙해지면 '청각' 동선에서 나와 앵커링을 이용해 좌우 동선을 반복해 연습한다.

6. 1~5의 내용을 토대로 몇 문장이라도 정확하게 전달하는 법을 연습한다.   —●

　동선은 강의의 가장 기본, 청중과의 소통을 가능하게 해주는 필수 요소이다. 다만 모든 훈련 과정이 그렇듯 한 번에 완성되지는 않는다. 기본이 탄탄해지면 다른 기술들을 적용하는 것은 매우 쉽다. 청중을 이끌고 청중과 공감하는 강사의 모습을 상상하면서 훈련해보자.

CHAPTER
4

청중과 함께 이야기하라

대한민국만큼 강의 선창에 익숙한 나라도 없을 것이다.

술자리에서 서로의 벽을 허물기 위해 우리는 얼마나 많은 건배사를 외치는가!

멋들어진 건배사를 하기 위해 얼마나 애쓰는가! 이제 청중과 건배하자.

강의 핵심을 이야기하고, 청중이 따라 하도록 하라.

10

간단한 질문으로 이야기를 열어라

대한민국에서 '아인슈타인' 하면 보통은 위대한 천재 과학자를 떠올린다. 그러나 내게는 한마디 명언으로 강의의 전기를 마련해준 선생님이다.

"여섯 살 아이에게 설명할 수 없다면 스스로도 이해가 안된 것이다If you can't explain it to a six years old, you don't understand it yourself."

처음에는 이 말이 무슨 소리인가 했다. 내가 하는 '고급' 강의를 여섯 살짜리가 어떻게 이해한단 말인가? 그러나 말의 진의를 차츰 이해하면서 나는 큰 충격에 빠졌다. 강사들 사이에서는 이 명문을 흔히 '식자 識者의 저주'라 한다

하루는 우리 회사 폴앤마크의 우명훈 팀장이 '식자의 저주'에 빠졌다고 자책했다. 무슨 소리인가 했는데 연윤즉슨 그가 중앙일보사와 '공부의 신 캠프'(이하 공신캠프)를 함께 개발하고 강의하느라 너무 열심히 공부했더니 점점 더 강의를 듣는 학생들이 못 알아듣는 전문가 수준의 고급 단어로 이야기하고 있더라는 것이다. 학생들이 듣고 싶어 하지도 않고 강의 전개상 필요 없는데도 누구누구 박사의 심리학적 배경과 학습이론을 열심히 설명하고 있었다는 말이다. 그러다 보니 자연스레 학생들의 몰입도가 떨어져 고민이라고 했다.

열심히 공부한 강사 입장에서는 당연히 전달해야 하는 내용이라 생각할 수 있지만 처음 듣는 청중 입장에서는 강사의 잘난 척이고, 강의에 관심을 잃게 되는 큰 이유다. 이제 막 한글을 깨친 여섯 살 아이와 영어로 대화하려 하고, 결혼도 안 한 친구를 만나 시댁 이야기를 주요 화제로 삼고, 산수를 배우는 초등학생에게 양자물리학을 설명하는 격이다. 그것이 강사에게는 저주가 아니고 무엇이겠는가.

청중과의 공감대를 잃은 강사는 존재 가치가 떨어지기 마련이다. 대부분의 강의가 '저주'를 경험하는 이유는 다양한 청중의

눈높이를 고려하지 못하기 때문이다. 청중을 배려하지 않는 강의는 너무 어렵다. 어려운 이야기를 전달하는 사람은 학자이지 강사는 아니다. 강사는 청중이 원하는 수준의 이야기를 전달할 줄 알아야 한다.

그렇다면 어떻게 청중 수준에 맞게 내용을 전달할 수 있을까? 간단하다. 청중에게 물어보면 된다. 문제는 어떻게 물어보는가 하는 것이다. 최근 한국을 방문하고 화제를 낳았던 하버드 대학교 마이클 샌델 교수의 『정의란 무엇인가』를 통해 청중에게 물어보는 방식을 살펴보자.

"여러분이 전차의 기관사인데, 100킬로미터로 전차를 운행하는 중에 철로 끝에서 인부 다섯 명이 일하고 있는 것을 봅니다. 멈추려고 하지만 브레이크가 고장 났습니다. 돌진하면 인부들이 모두 죽는데, 샛길을 발견합니다. 샛길에는 인부 한 명이 일하고 있습니다. 당신이라면 어떻게 하겠습니까? 다섯 명의 희생입니까, 한 명의 희생입니까?"

샌델 교수는 이렇게 물은 뒤 청중에게 '반응'을 요구한다.

"샛길로 전차를 돌릴 분 손들어보세요."

"직진할 분 손들어보세요."

많은 사람이 손을 든다. 샌델 교수는 청중의 답변을 들으면서 그들과 함께 호흡하고 서로의 생각과 사고 수준을 나누며 조율에 들어간다. 문답을 통해 서로를 어느 정도 파악하고 나면 교수는 정의에 관해 강의하기 시작한다. 이것은 매우 멋들어진 청중과의 호흡 방식이다.

여기에서 우리가 배울 것이 무척 많다. 물론 청중에게 질문하고 답변을 받는 것이 우리나라에서 쉽지는 않다. 답변하는 사람도 별로 없고, 강사도 혹 오답을 말할까 봐 긴장한다. 강사가 청중에게 계속 질문하면 청중은 강사의 눈을 피하고, 혹시 자기를 시킬까 봐 긴장하기 마련이다. 괜히 말 한번 잘못 걸었다가 어색해진 맞선 자리처럼 분위기만 썰렁해질 수 있다. 맞선 자리에 나온 아가씨처럼 우리 청중은 부끄럼이 많다. 그래도 말을 걸어야 한다. 맞선 자리에서 상대의 반응을 알아야 영화를 볼지 커피를 마실지, 그냥 헤어질지 아니면 또 만날지 판단할 수 있지 않는가? 부끄럼 많은 아가씨의 긴장을 풀어주는 최고의 방법은 최선을 다해 공통의 관심사를 찾는 것이다.

"만남을 주선한 분은 어떻게 아세요?" "좋아하는 연예인은 누구세요?" "좋아하는 노래가 뭐예요?" "어떤 영화를 좋아하세요?"

이것저것 물으며 공통 주제를 찾고, 더 친밀감을 느끼며 이야기하고 싶다면 웃어야 한다. 함께 웃으면 분위기가 훨씬 부드러워진다. 강의도 마찬가지다. 청중은 부끄러워 강사의 눈을 피하지만 사실 누구보다도 재미있기를 바라고 있다.

이름만 들으면 알 만한 우리네 강사들을 살펴보자. 몇 년 전

청중에게
질문하는 훈련을 꾸준히 하면
질문의 수준이 높아지고
강의 수준도 함께 올라간다.

만 해도 도올 선생의 인문학 강의처럼 탁월한 지식을 바탕으로 세상에 대한 깨달음을 풀어내는 강의를 최고의 강의로 여겼다. 그러나 근래의 대중은 재미있고 신바람 나는 강의에 더 관심을 보인다. 최근 각종 언론 매체에 오르내리는 강사들 중에 어느 누가 그토록 진중한가?

예를 들어, 인간의 심리를 연구하고 "놀자!"고 주장하는 김정 운 교수의 강의가 급격하게 인기를 얻는가 하면, 「세상을 바꾸는 시간, 15분」이라는 강연 프로그램으로 유명세를 탄 서울여대 김창옥 교수는 강연에서 역할극을 하고 성대모사까지 더해 가며 청중을 웃게 하려고 온 힘을 다한다. 정리하면, 이 시대의 강사는 청중에게 질문하고 웃음을 주어야 한다는 것이다. 그럼 어떻게 질문하고 웃음을 줄까?

앞에서 언급한 우명훈 팀장과 중앙일보 공신캠프를 개발하고 나서, 공신캠프 프로젝트에 참여한 대학생 2천여 명 앞에서 강의할 기회가 있었다. 주제는 '어떻게 학생들을 멘토링할 것인가'였다. 강의장에 도착하니 이어령 전 장관님이 한창 강의하고 있었다.

첫 강의가 끝나자 내 소개가 이어졌다. 드디어 무대로 나가서 본 학생들의 표정은 "넌 누구냐?"고 묻는 듯했다. 나도 내가 누군지 물어야 할 것 같은 무거운 분위기였다. 그런 상황에서 보통의 강사는 자신이 얼마나 멋진 사람인지 갑자기 어필하려고 한다. 어느 학교를 나오고 무슨 일을 했는지 등등 청중이 원하지 않는 자랑을 늘어놓는다. 그러나 나는 되레 "그러는 넌 누구냐?"라고 과감히 질문을 시도했다.

"안녕하세요? 오늘 강의할 최재웅이라고 합니다. 먼저 질문으로 시작해볼게요. 여기 계시는 분들 중에 멘토링의 의미와 실행 방법을 잘 알고 있는 분, 손 한번 들어보세요."

강의 주제이긴 해도 누가 손들겠는가? 내가 학생이어도 안 들었을 것이다. 아무도 손을 들어 대답하지 않을 것이라고 나는 이미 짐작하고 있었다. 그러나 주제에 관해 질문하는 것은 강사의 본분. 다음 질문을 했다.

"그럼, 과외 선생님을 하거나 누구를 가르친 경험이 있는 분 손 한번 들어보실래요?"

놀랍게도 2천여 명 중 몇 명이 손을 들었고, 약 20~30퍼센트 되는 학생들이 딱히 손을 들지는 않았지만 몸을 움직거리는 '반응'을 했다. 고마운 일이었다. 나는 질문을 이어갔다.

"지금 숨은 쉬고 계시죠?"

그러자 "픽!" 하고 어이없다는 웃음과 함께 학생들의 시선이 처음으로 나를 향했다. 그때 본 강의를 시작했다.

"우리가 숨 쉬고 살면서 할 수 있는 가장 멋진 일, 학생 멘토링을 가장 즐겁고 행복하게 할 수 있는 방법을 이야기해드리려고 왔습니다."

우리 청중은 외국 사람들처럼 열렬히 호응하지 않고, 유머에 쉽게 반응하지도 않는다. 유교의 영향력이 남아 있는 대한민국에서는 외국의 유명 강사들처럼 청중과 말을 섞으며 강의하기는 어렵다. 청중이 앞자리부터 앉기 시작하고 자신을 드러내는데 거리낌이 없는 서구 문화권과 달리 늘 뒷자리부터 채우고 자신을 숨긴 채 듣기만을 원하는 청중을 깨우는 것은 대한민국 강사의 몫이다. 그래서 모든 사람이 '쉽게' 반응할 만한 질문을 찾아 던져야 한다. "풋!" 하고 비웃음을 사거나 강사가 좀 가볍게 보이더라도 청중이 내 이야기를 들을 수만 있다면 그렇게 해야 한다.

'질문하고 이야기하라'는 조언을 쉽게 넘겨서는 안 된다. 나는 동영상도 보여주고 웃기는 만화도 보여주고 재미있는 이야기도 하고, 심지어 대규모 게임도 시도했다. 그러나 강의 내용과 관계있는 적절한 질문을 하는 것만큼 강의 흐름을 매끄럽게 만드는 기술은 없었다. 청중에게 질문하는 훈련을 꾸준히 하면 질문의 수준이 높아지고 강의 수준도 함께 올라간다. 질문하라! 그리고 이야기하라.

질문하기를 훈련할 때 참고할 몇 가지 팁을 소개한다.

● **동작 반응을 유도한다**
질문하기를 어색해하는 강사는 흔히 "청중 중에 ~~한 사람

계시죠?", "~~ 하시죠?"라고 한 가지 질문만으로 동작을 유도하려고 한다. 그러나 그 분위기가 어색한 청중은 질문만으로 행동을 하지는 않는다. 청중이 손을 들어 동작을 할 수 있도록 반드시 "손들어보세요"로 질문을 마무리하자. 물론 "손들어 보세요"라고 할 때에는 강의자가 먼저 손드는 모습을 해야지 '차렷!' 자세를 하고 있어서는 안 된다.

● 첫 질문은 어렵게, 마지막 질문은 황당할 만큼 쉽게

의무적으로 참여한 청중이라면 강의에 더더욱 관심이 없다. 끝나는 시간에 관심이 있을 뿐. 그래서 시작할 때 가장 원론적이며 재미없는 질문을 던진다. 예컨대, 강의력 향상 과정의 강의라면 "여기 계시는 분들 중에 더 유기적으로 강의를 하고 싶은 분 손들어주세요." 첫 질문을 하는 순간 청중은 그럴 줄 알았다는 표정을 띨 것이다.

그러나 두 번째 질문에서 "강의를 해본 적이 있는 분 손들어주세요"라고 한 뒤 마지막으로 황당한 수준의 질문을 던진다. "말은 하고 사시는 거죠?" 그때 청중 사이에서 반응이 나오기 시작한다. 더불어, 안정감을 주어야 하니 개인에게 손가락질 하거나 답변을 요구해서는 안 된다. 처음에는 무엇보다 청중에게 시키지 않는다는 확신을 심어주어야 하기 때문이다.

● 정답을 요구하는 질문은 피한다

"후기인상파 작가 이름을 하나만 말해보세요." 이런 질문은
청중과 소통하지 않겠다는 말과 같다. 정답이 있는 질문 말고,
'네, 아니오' 정도로 대답할 수 있는 질문으로 시작한다.

● 한 사람에게 묻지 말고 청중을 대상으로 질문한다

개인에게 다가가서 질문하지 말라. 그 사람은 대중 앞에 자신
을 드러내고 싶지 않다. 모두가 반응하도록 질문하고, 나중에
자발적으로 질문하도록 유도한다.

● 청중의 반응에 고마움을 표현하라

아무도 손들지 않을 때 손들어주는 사람에게 고맙다고 말하
자. 손을 든 사람과 더불어 청중 전체를 몰입시키는 동기부여가
된다.

● 네 번 이상 연달아 질문하지 않는다

질문을 너무 연달아 해서는 안 된다. 적극적인 청중을 만나면
강사가 질문을 끝없이 하는 경우가 있다. 그러나 잇따른 질문은
세 차례를 넘기면 안 된다.

●— "여기 계시는 분들 중 강의하고 싶으신 분 손들어보세요."

"강의를 해본 적이 있는 분 손들어주세요."

"말은 하고 사시죠?" (세 번째)

"강의를 들어는 보셨죠?" (네 번째, 위험)

"강의가 인류의 시작과 함께했죠?" (다섯 번째, 아웃!)　　　—●

11

반복하고 따라 하게 하라

 최고의 강사를 한 사람 꼽으라면 앨 고어 전 미국 부통령의 수석 대변인이자 그의 명연설을 디자인한 다니엘 핑크가 가장 먼저 떠오른다. 『새로운 미래가 온다』의 저자이기도 한 다니엘 핑크는 최고의 강사에게 필요한 세 가지를 다음과 같이 꼽았다.

●— 　1. 말의 속도를 조절하라. (Rapidity)

2. 명망 있는 사람들의 이야기를 인용하라. (Reputation)

3. 중요한 내용을 반복하라. (Repetition)　　　　　　　—●

2007년에 모 대학의 연극영화과 교수님과 함께 모 기업의 임원에게 노조와 지점장을 대상으로 한 강의 코칭을 진행했다. 당시 교수님이 쉼 없이 강조한 내용은 'Pause(멈춤)'였다. 임원이 써 온 원고를 하나하나 읽어가며 말과 말 사이에 멈추는 시간을 조절하라고 꾸준히 지도했다. 지도의 핵심은 중요한 내용을 말하기 전에는 긴 숨을 두고 덜 중요한 내용은 짧은 숨으로 넘어가라는 것이었다. 말하기 전 멈춰 있는 시간만 좀 달라졌을 뿐인데도 내용이 같은 강의의 질이 달라짐을 확연히 느낄 수 있었다. 그것이 다니엘 핑크가 말한 명연설의 첫째 요소인 속도감 Rapidity과 관련 있다.

더불어 명언을 적절하게 인용하는 방법을 지도했다. 강연 주제에 적합한 명언이나 명망가에 얽힌 일화를 강의 중 알맞은 대목에 배치하는 것Reputation 역시 강의의 격을 높였다. 마지막으로 중요한 내용을 지루하지 않을 정도로만 반복해서Repetition 사람들에게 각인시키는 기술은 내가 담당했다. 중요한 내용을 반복하는 것은 강의를 오래도록 기억하게 하는 효과는 물론 강사와 청중 간의 거리도 좁혀준다. 다니엘 핑크의 반복 기법을 활용한 강의를 예로 들어보겠다.

● 삼세번 반복하자

"새로운 시대를 준비해야 하는 이유는 세 가지로 요약됩니다. 아시아Asia, 자동화Automation, 풍요로움Abundance으로 요약됩니다. 다시 한 번 이야기해보죠. 아시아, 자동화, 풍요로움입니다. 마지막으로 이야기합니다. 아시아, 자동화, 풍요로움."

다니엘 핑크의 연설이다. 이 대목에서 청중의 상당수는 자기도 모르게 입술을 달싹거리며 "아시아, 자동화, 풍요로움"을 우물거린다. 강사는 청중의 우물거림과−종종 크게 따라 하는 사람도 꽤나 있다−반응을 통해서 자연스럽게 강의가 잘 흘러가고 있고, 청중이 잘 듣고 있다는 자신감을 얻게 된다. 그뿐 아니라 청중 역시 스스로 따라 하면서 자신이 무언가 배우고 있다는 믿음을 가지게 된다. 이것이 강의에 있어서 반복의 아름다움이다.

반복은 중요한 내용을 청중이 기억하게 할 뿐 아니라 청중과 강사의 거리를 좁혀 좀 더 소통하게 해준다. 강사에게는 자신감을, 청중에게는 물입의 정도를 높여주는 최고의 기술이다.

강의에서 다니엘 핑크의 기술을 쓰는 법은 매우 간단하다. 중요한 내용을 세 번 되풀이하면 된다. 예를 들어 '자신감을 높이라'는 주제의 강의를 한다면 이렇게 간단히 적용할 수 있다.

"자신감을 높이면 인생의 수준도 높아집니다. 자신감은 인생의 수준입니다. 한 번 더 이야기하죠. 자신감이 인생의 수준을 결정합니다."

당장 당신의 강의에 이 간단한 반복 기술을 응용해보라. 듣고 잊어버리는 강의가 아니라 중요한 내용이 머리에 각인되도록.

● 청중에게 건배!

반복 기법의 가장 멋진 점은 강사가 말한 것을 우물거리든 소리를 내든 청중이 '함께' 또는 '다시' 말하도록 한다는 것이다. 청중의 소리나 반응은 무대 앞의 환호성처럼 강사를 춤추게 한다. 강사의 질문에 청중이 "네!" 하고 한마디만 대답해도 강사는 신이 난다. 없는 것도 내주고 싶을 만큼 신바람이 난다.

어떻게 청중이 입을 열어 반응하도록 할까? 언젠가 이 고민을 하다가 멍하니 보고 있던 MBC 「무한도전」에서 답을 얻었다. "무한!"이라는 선창에 "도전!" 하고 나도 모르게 입을 열었다. 아하! 그리고 보니 많은 프로그램이 이와 같은 반응을 유도하고 있었다. "1박!" 하면 "2일!" 이 두 프로그램 다 모르는 사람이 있는가? 그럼 "전국!" "노래자랑!"은? 알리라 믿겠다.

바로 이거다. 강사와 청중을 신바람 나게 하는 힘! 강사가 말하는 중요한 단어나 내용을 청중이 따라 하게 하는 것이다. 이

기술을 'Teaching Call Back(강의 선창)'이라 부른다. 아주 어린 시절부터 우리 모두가 익숙하게 학습한 기술이다. "병아리" 하면 "삐악삐악", "참새" 하면 "짹짹"이라 하는 것처럼 쉬운 내용을 반복적으로 따라 하게 하는 기술이다.

누구나 입을 열어 대답할 수 있고 대답해도 틀릴 염려가 없으니 부끄럼 많은 청중에게 안정적인 환경을 제공하고, 더불어 강사와 청중 간의 벽도 허물 수 있다. 대한민국만큼 강의 선창에 익숙한 나라도 없을 것이다. 술자리에서 서로의 벽을 허물기 위해 우리는 얼마나 많은 건배사를 외치는가! 멋들어진 건배사를 위해 얼마나 애쓰는가? 이제 청중과 건배하자. 강의의 중요한 포인트를 이야기하고, 청중이 따라 하도록 하라. 실전에 적용해보자. 예를 들어 독도에 대한 강의를 한다고 하자.

"이번에 배울 내용은 독도가 한국의 영토라는 것입니다. 독도는 한국의 영토입니다. 자, 다 같이 따라 해보도록 하지요. 독도는 누구의 영토라고요?"

"한국!"

중요한 내용을 청중이 따라 하고 반복하게 하라. 그런데 청중 전체가 아닌 한 사람에게 질문해서 강사가 한 말을 반복하도록 유도하는 경우가 종종 있다. 그렇게 해서는 안 된다. 대답을 못 하면 그 사람은 민망해서 강사를 보는 것이 유쾌하지 않고 대답을 잘해도 어색한 긴장감이 흐르게 된다. 스스로 대답할 분위기가 되기 전에는 되도록, 아니 절대 개인에게 따라 하기를 요청해서는 안 된다. 개인이 아닌 청중이 따라 하게 하는 것이 반복의 기술이다.

한편 너무 자주 따라 하게 하는 경우도 있다. 강사는 자꾸 청중의 반응을 확인하고 싶다. 그래도 중요한 내용만 따라 하도록 하자. 안 그러면 질린다.

마지막 당부는 연습하라는 것이다. 처음에는 강사도 청중에게 따라 하도록 제의하는 것이 어색하다. 연습해라. 어색한 건 배사를 입에 붙도록 하듯이 연습해라. 청중에게 건배를 제의하라. 강의에 취하게 하라.

● 청중은 마지막을 기억한다

학창 시절 「터미네이터 2」 영화를 좋아했다. 인간 군단과 기계 군단이 벌이는 미래 전쟁에서 인간 군단의 지도자를 구출하기 위해 미래에서 온 인간형 로봇인 터미네이터와 지도자 사이의 이야기였다. 자세한 내용은 기억나지 않지만 마지막에 터미네이터가 인간 군단의 지도자를 구하고, 용광로에서 녹아갈 때 엄지손가락을 올리며 했던 한마디는 잊지 못한다.

"I will be back."

뜬금없이 영화 이야기를 하자는 것이 아니다. 사람의 기억력과 반복에 대한 이야기다. 독일의 학자 에빙하우스Hermann

Ebbinghaus는 1시간이 지나면 사람은 배운 것의 60퍼센트를 기억하지 못한다고 했다. 그러나 처음과 끝에 들은 내용은 오랫동안 기억한다. 그러므로 강의 막바지에 중요한 내용을 정리해 이야기하는 것은 훌륭한 강의 기술이다.

나는 개인적으로 학창 시절 토론 대회에 자주 참여했다. 토론 대회마다 거의 수상했는데 사실 거기에도 반복의 비결이 숨어 있었다. 토론을 장시간 진행하다 보면 청중(심사위원) 입장에서는 내용을 잊어버려 공정한 판단을 내리기가 어려울 때가 많다. 그래서 마지막에 꼭 반복해서 정리했다. '배아 복제'를 반대하는 입장에서 토론한 마지막 발언을 예로 들어보겠다.

"저는 지금까지 인간 배아 복제에 관해 사회적, 경제적, 윤리적 측면을 이야기했습니다. 우리 모두 배아에서 시작했습니다. 인간 배아 복제를 반대합니다."

앞에서 이야기한 내용을 이렇게 짧게 반복만 해도 청중 입장에서는 고개를 끄덕인다. 강의도 마찬가지다. 앞에서 말한 독도 강의를 마무리한다고 가정해보자.

"저는 지금까지 독도가 한국 영토라는 역사적 정당성과 국제 법적 근거, 한일 양국 간의 외교적 측면에 대해서 강의했습니다. 질문 있나요?"

이렇게 끝내는 것이 무언가 첨언하며 말을 질질 끄는 것보다 명확하다. 마지막에 반복해서 정리하는 것은 간단하지만 강의를 간결하고 명확하게 만들어준다. 마지막 요점 정리로 당신의 강의를 청중에게 각인시켜라. 주저리주저리 말하지 말라.

12

청중이 참여하면 강의는 할 만해진다

잔뜩 긴장한 강사와 부끄럼 많은 청중이 만나는 곳이 강의장이다. 앞에서 언급한 것처럼 우리네 수줍은 청중은 강의장 뒤쪽부터 자리를 채운다. 강사와 눈도 제대로 마주치지 않는다. 어색해진 강사도 긴장한다. 강의가 시작되고 재미있는 이야기를 해도 좀처럼 그 분위기를 이겨낼 길이 없다. 무언가 어색한 웃음이 새어 나온다. 쉬는 시간도 없이 힘겹게 이끌어 가다가 어색한 채로 2시간의 강의가 끝난다. 청중도 강사도 2퍼센트 부족함이 그저 아쉽기만 하다.

반대의 경우도 있다. 강사가 무대에 오르기 전부터 청중끼리 와자지껄 신이 나 있다. 무대에 올라 별말 안 해도 여기저기에서 "까르르" 아이 같은 웃음이 터져 나온다. 신이 난 강사는 온 힘을 다해 강의하고 청중도 한없이 몰입한다. 강의 막바지에는 벌써 시간이 다 가버렸다는 사실에 아쉬워한다. 만족감으로 강사와 청중이 함께 큰 박수로 강의를 마무리한다.

두 강의가 다른 원인이 무엇일까?

●─　　1. 청중의 태도

2. 강의 실력

3. 강사의 외모와 목소리

4. 청중의 남녀 성비　　　　　　　　　　　　─●

모두 영향을 준다. 그러나 그보다 근본적인 원인은 청중 간의 친밀감이다. 서로 이야기할 정도로 친밀감이 있는 청중 그룹은 강의의 몰입도가 급격히 올라가는 반면, 서로 서먹한 사람들이 많으면 많을수록 어색한 분위기가 고조된다. 강사가 입을 떼기도 전에 강의가 어떻게 진행될지 기대하게 되는 중요한 원인이다.

더 좋은 강의를 위해 강사는 청중 사이에 친밀감을 조성해야 한다. 다시 말해, 청중끼리 이야기 나눌 수 있는 사이가 되도록 해줘야 한다. 상상해보자. 처음 만난 남자가 인사도 나누기 전에 불쑥 자신의 전공인 양자물리학을 이야기하는 데 열을 올린다면 어떨 것 같은가? 아니면, 새로 온 팀장이 첫날 오자마자 자기소개도 없이 업무만 진행한다면 일의 효율과 팀워크는 두고 볼 것도 없다.

본론으로 들어가기 전에 인사하고 이야기 나누는 것은 강의를 부드럽게 진행하는 첫 단추이다. 그렇다고 앞에 앉은 여성에게 웃음을 보내며 이것저것 부드럽게 말을 건네다가는 '선수' 취급받거나 되레 더 썰렁해지기 마련. 새 팀장 역시 처음 본 팀원들에게 어설프게 친한 척 말을 건넸다가 분위기만 어색해지기 쉽다. 그 어색함을 견디지 못해서 단도직입적으로 업무에 들어가는 것이다.

강의도 그럴 때가 많다. 어색함에서 벗어나려고 청중에게 이것저것 시키고 말을 걸고 괜히 오버하다가 어색하게 본론으로 들어가는 강사도 있고, 곧바로 이론과 목차를 소개하며 시작하는 재미없는 강사도 있다. 그런데 부담 없는 친한 친구와 이야기할 때는 어떤가? 말을 못 해서 안달이다. 말하는 사이에 끼어들고 싶고, 더 이야기하고 싶고, 다 이야기하고도 아쉬운 마음이 든다.

청중을 움직일 줄 아는 강사는
어느 강의장에서든
두 팔 벌려 환영받는다.

친한 친구에게 이야기하듯 강의할 수 있다면 얼마나 편안할까? 뭔가 부끄럽지 않고 친구에게 하듯 부드럽게 강의를 시작하는 묘수는 없을까? 내일 당장 적용할 수 있는 쉬운 방법부터 배워보자.

● **통성명합시다**

강의장에서는 청중과 강사만 처음 보는 사이가 아니다. 청중끼리도 낯설다. 심지어 소속이 같은 사람끼리도 강의장에서는 괜히 서로 경계한다. 청중의 경계심을 풀어주는 첫 단계는 옆 사람과 인사하게 하는 것이다.

"안녕하세요? 오늘 리더십 강의를 하게 된 최재웅입니다. 먼저 옆에 앉아 있는 분과 인사 한번 나누어볼까요? 옆 사람과 눈 마주치면서 인사해주세요. 준비하시고요, 시작!"

실제로 이 방법은 거의 매일 설교하는 종교 지도자들이 유난히 자주 사용하는 방법이다. 인사 한 번에 강의장 분위기가 현격하게 달라지는 것을 느끼게 된다. 이 기본 단계에 숨어 있는 중요한 비밀은 강의장의 에너지와 분위기는 강사가 아니라 청중 사이의 소통에 있다는 것이다. 청중 사이의 관계 형성을 이용하면 강의장 전체의 분위기를 좌우할 수 있다. 쉽지 않은가? 자, 그럼 다음 단계!

● 삼삼오오 수다를 허하라

TV에 출연하는 강사들이 자주 사용하는 청중과의 소통 방식 중 하나는 옆에 앉아 있는 사람에게 말을 걸도록 하는 것이다. 대화라기보다는 "옆 사람에게 '잘할 수 있어!'라고 얘기해 주세요" 하며 격려의 마음부터 전달하는 것이 일반적이다. 이는 청중의 몰입도와 에너지를 높이는 데 매우 좋은 방식이다. 더 좋은 방법은 삼삼오오 짝짓게 하고 짧게 이야기 나누도록 주제를 주는 것이다.

"자, 옆 사람들과 짝을 지어주세요!"

그리고 주제를 주면 된다. 단 수다를 떨 만한 주제를 제시하여야지 무거운 주제는 금물이다.

"옆 사람과 존경하는 리더가 누군지 얘기합시다."

이건 마치 내 강의는 재미없다고 선언하는 것과 같다.

"옆 사람과 가장 좋아하는 연예인이 누군지 얘기해보세요."

이렇게 간단한 수닷거리를 줘야 한다. 가벼운 이야기로 시작하면 설사 강의 주제가 무겁더라도 전체 분위기는 가벼울 수 있다.

예를 들어, 내가 강의법을 지도했던 한 회사의 주요 생산품은 고무벨트였다. 나는 "지금 자기가 가지고 있는 물건 중 고무를 활용한 제품을 보여주고 언제 왜 샀는지 이야기해주세요"라는 이야깃거리를 제시하며 강의를 시작했다. 그리고 나서 고무의 종류와 주조법, 어디에 사용되는지에 대해 강의하는 법을 풀어놓았다. 처음 시작한 수다로 강의가 끝까지 밝은 분위기에서 진행되었음은 두말할 나위 없다. 강사의 안내에 따라 청중이 웅성웅성 이야기하는 소리는 강사에게 오케스트라의 연주보다 더 아름답게 들릴 수밖에 없다. 수다를 허하라!

● 펜을 들게 하라

드물지만 인사도 수다도 통하지 않는 청중도 있다. 그래서 내가 꼭 준비하는 것이 교재다. 강의에서 다룰 주요한 내용과 관련해 질문 몇 가지를 교재에 적어놓는다. 외국에서 온 명사들의 강의를 들으러 가면 간단한 팸플릿을 나누어주는데 거기에 질문들이 적혀 있고, 청중이 쓸 수 있는 시간을 준다.

앞에서 말한 존 맥스웰 박사의 강연회에도 교재가 있었다. 조용하고 생각이 많은 대한민국 청중에게 만족감을 줄 수 있는 최고의 방식 중 하나는 교재에 필기하도록 하는 것이다. 내가 예전에 참가한 어느 리더십 프로그램에서는 청중이 생각하고 필기하고, 다른 사람과 이야기 나누도록Think, Write, Share 이끌라고 가르쳤다. 매우 탁월한 방법이다.

강의 중에 청중이 생각할 거리를 주고 필기하게 하고, 함께 참가한 사람과 이야기하게 한다면 그들의 만족감을 한껏 끌어올리는 훌륭한 강의가 될 것이다. 그렇게 청중 간의 에너지가 올라가면 강사는 청중의 대화 시간을 잘 다스려야 하는 임무를 실천해야 한다. 아주 재미있게 이야기하는데 강사가 흐름을 끊어도 안 되고, 그렇다고 강사에게 집중하지 않고 서로에게만 집중하는 상황도 바람직하지 않으니 말이다. 어떻게 그 즐거운 청중을 움직일까?

● 파도 소리, 바람 소리, 청중 소리

청중이 열심히 이야기 나누면 앞에 선 강사는 수백, 수천 명의 사람이 무슨 이야기를 하는지 알 길이 없다. 그러나 청중은 나름의 하모니로 강사에게 메시지를 전한다. 이제 막 이야기를 시작하면 멀리서 파도가 몰려오는 것처럼 잔잔한 소리가 들린다. 그때 강사는 잠깐 청중을 기다려줄 필요가 있다. 그러다가 쏴아 하고 파도가 일듯이 소리가 몰려들다가 점점 커진다.

"정리하세요."

청중이 큰 소리로 웅성웅성 이야기 나눌 때 강사는 시간이 얼마 남지 않았음을 알려준다. 그럼 마법처럼 청중의 소리가 잦아든다.

"마무리하세요."

잠깐 시간을 두고 이렇게 말하면 아쉬운 몇 사람은 속삭인다. 그때 이렇게 말해보자.

"서로 고맙다고 이야기해주세요."

그와 동시에 청중의 속삭임이 잦아들고 강사에게 다시 집중
할 수 있는 상태가 된다. 혹여 말을 못 끝내는 사람들이 있다면
학교 선생님들이 흔히 쓰던 '입 시계'를 도입해보자.

"3초 남았습니다. 2초 반, 2초, 1초 반의 반, 1초 반의 반의
반…."

입 시계가 청중을 움직일 수 있다는 사실에 놀라게 될 것이다.

강의라는 짐을 등에 지고 끙끙대는 강사들은 외롭다. 내가 처
음 강의법을 배우던 시절, 나를 가르치던 마스터 강사님이 하신
말씀이 있다.

"위대한 강사는 청중의 머릿속에 있는 말을 할 줄 아는 사람
이다."

그 당시에는 매우 감동했다. 그러나 내가 독심술사도 아니고
어떻게 수많은 청중의 머릿속을 알 수 있는지 고민했다. 그리고
결정했다. 머릿속에 있는 이야기를 할 수 있도록 돕는 강사가
되기로. 청중을 움직이게 하라. 청중이 이야기하게 하라. 청중
을 움직일 줄 아는 강사는 어느 강의장에서든 두 팔 벌려 환영
받는다.

CHAPTER
5

말 이 먹 히 는 손 짓 이 란

강의에서 포즈와 제스처를 적절히 사용하는 법을 익히는 것은 굉장히 중요하다.

강의장에서 청중의 마음과 행동이 변화되는 것은 언어에만

달려 있지 않다는 것을 뼈저리게 느끼고 나면 이미 한 발 늦은 것이다.

움직이지 않던 손을 움직이는 것은 참으로 어색하고 쉽지 않은 일이다.

그러나 당신은 이미 자연스럽게 움직이는 법을 알고 있다.

다만 상황에 적절하고 유연하게 활용하지 못할 뿐이다.

13

손짓이 청중을 움직인다

'당신의 신체 언어가 당신의 마음을 형성한다Your body language shapes who you are'

하버드 대학교 사회심리학자 에이미 커디Amy Cuddy가 세계적 강의 프로그램 TED에서 한 강의 제목이다. 손짓과 몸짓 등 신체 언어의 의미를 연구해온 그이는 강의에서 어떤 동작을 취하는지가 자기 스스로에 대한 인식과 타인의 나에 대한 인식을 변화시킬 수 있다고 강조했다. 에이미 커디는 대학 시절 교통사고를 당해 아이큐가 크게 나빠진 뒤 자신의 삶을 변화시킨 경험을 바탕으로 이야기해서 청중의 뜨거운 기립 박수를 받았다. 강의를 진행하고 가르치는 나에게는 매우 흥미진진한 이야기였고 특별한 깨달음을 주었다. 무엇보다 내가 강의법을 가르칠 때 늘 강조하던 포즈와 제스처의 중요성을 증명해주어 놀라웠다. 내게는 에이미의 메시지가 이렇게 들렸다.

"강사의 '손짓'이 청중의 '마음'도 조절한다."

물론 강사 자신의 마음이 조절되는 것은 두말하면 잔소리다. 어쩌면 자연스러운 '손짓'이 강의를 잘하고 싶어 하는 사람들의 대표적 고민 중 하나이다. 이 문제가 해결되면 다른 고민들이 동시에 해결될 정도로 손짓은 강의에서 다른 주요 요소들을 좌우한다.

많은 사람이 공통적으로 어려워하고 궁금해하는 요소가 있다.

"목소리에 높낮이가 없어서 재미가 없어요."

이런 경우에 목소리 톤을 바꾸면 되는 문제라고 여기기 쉽지만, 사실 손짓을 바꾸면 목소리 톤은 저절로 바뀐다. 손짓을 자연스럽게 바꿔가며 말하면 그에 따라 목소리 톤도 다양해진다.

믿어지지 않는다면 화가 머리끝까지 치민 사람을 상상해보라. 그가 차렷 자세로 말하는 것이 가능할까? 이 책을 읽는 독자가 직접 해보면 쉽게 알 수 있겠지만 사람은 부동자세를 한 채로 목소리 톤을 자유롭게 변화시키기 어렵다.

손짓은 대부분 무의식적으로 하게 된다. 더욱이 긴장감이 흐르는 강의장에서 강사는 자기가 하는 이야기를 너무 의식한 나머지 자연스런 손짓과 목소리 톤을 잃고 만다.

친구들과 이야기할 때에는 시키지 않아도 제스처와 목소리 톤을 자유자재로 다양하게 구사하면서 왜 강의에서는 유독 얼어붙는 것일까? 긴장감이 목소리와 몸을 얼어붙게 만드는 것일까? 그럴 수 있다. 그러나 개인에게 이야기를 전달할 때 나오는 손짓과 청중에게 메시지를 전달하는 손짓은 학습을 통해 분명히 좋은 방향으로 바꿀 수 있다. 손짓이 전달하는 메시지와 강사가 전달하고 싶은 메시지가 일치할 때 그 강의는 훨씬 더 강력한 힘을 갖게 된다. 그렇다면 무엇을 학습해야 할까?

먼저, 자신의 현재 상태를 진단해봐야 한다. 나는 수년간 강의를 코칭하면서 손짓에 따라 강사가 크게 다섯 가지 유형으로 나뉨을 알게 되었다.

● 손에 움직임이 없는 강사

암기형, 녹음기형 강사이다. 강의 내용을 굉장히 성실하게 준비하는 강사인 경우가 많다. 연단에 서 있을 때 더 편안함을 느끼고, 파워포인트와 동영상의 수준에 매우 집중하는 편이다. 외웠던 내용에서 한 번이라도 벗어나면 땀이 나기 시작하고 실수

강의에서 제스처를
적절하게 사용하면
다른 사람의 삶을 변화시키는 데
더 큰 영향력을 발휘할 수 있다.

에 집착한다. 강의 후 청중의 반응과 상관없이 자신이 잊어버린 PT 내용 때문에 불만족스러울 수 있다. 이런 강사는 노력할 줄 알고 논리력이 뛰어난 것이 강점이고 쌍방향 공감대 형성 능력이 부족한 것이 약점이다. 꼼꼼하게 정보를 전달하는 강의에서 빛을 발할 수 있다.

● 손을 많이 움직이는 강사

감정을 표현하거나 특별한 말을 하지 않아도 강의의 에너지를 누구나 쉽게 느낄 수 있는 강사다. 임기응변에 뛰어난 편이며 손을 자유롭게 움직일수록 강사도 청중도 몰입하게 된다. 동기부여 게임과 스토리텔링에 뛰어난 역량이 있을 가능성이 크다. 자신의 감정을 잘 전달하고 청중과 공감대를 쉽게 형성하는 능력이 좋은 반면 논리력과 분석력이 부족할 수 있다. 연단이 없는 강의에 익숙해지면 자신의 강점인 감정 전달력이 극대화된다.

● 같은 손동작을 반복하는 강사

손짓이 강사의 메시지를 전달하는 데 효과적이라는 사실을 알고 있지만 자신의 손짓이 남에게 어떻게 보일지 몰라서 익숙한 손짓만 되풀이하는 경우다. 또는 움직이는 게 타고난 기질이지만 그 때문에 칭찬보다는 핀잔을 자주 들은 유형이다. 쌍방향으로 소통할 줄 아는 잠재력이 있어 효과적인 손동작을 빨리 습득할 가능성이 크다. 가장 중요한 강점은 내적 자신감이다. 손동작에 익숙해지면 지금보다 훨씬 더 멋진 강사로 청중 앞에 설 수 있다.

● 두 손을 모은 강사

고객을 많이 상대하는 직업에 몸담은 사람들의 제스처다. 서비스업에 종사하는 강사들이 대개 두 손을 모은 채 잘 떼지 못하고 강의하는 모습을 자주 보았는데, 겸손하고 예의 바른 이미지를 전달하려다 보니 생긴 습관인 듯하다. 보통 그런 분들은 강의의 콘텐츠와 목소리, 에너지를 이미 지니고 있어서 손을 자연스럽게 사용하는 방법만 알면 놀라운 변화를 맞을 수 있다.

● 뒷짐을 지거나 팔짱을 낀 강사

교수나 교사에게서 흔히 나타나는 자세다. 늘 학생들에게 약한 모습을 보여서는 안 되는 '어르신'이다 보니 자신의 힘이나 권위를 표현하기 위해 무의식적으로 뒷짐이나 팔짱을 끼게 된다. 또 지위가 높은 사람, 분석 업무가 많은 직업군에 속하는 사람도 흔히 뒷짐이나 팔짱을 낀다. 팔짱은 방어적 태도로 보이기 쉽다. 이러한 자세의 강사는 강력한 '포스'가 필요한 순간 외에는 몸과 마음의 팔짱을 풀어 자신을 청중에게 열어주는 것을 연

습한다. 어색하더라도 자꾸 연습하면 강의장 가득 유쾌한 에너
지를 퍼뜨리게 된다.

  포즈와 제스처를 코칭할 때 흥미로운 점은 사람들은 자신이
어떤 자세를 취하고 있는지 스스로는 전혀 깨닫지 못한다는 사
실이다. 앞에서도 말했듯이 포즈와 제스처는 대부분 무의식의
영역이다.

  부산의 고등학교 교사를 대상으로 교수법을 강의해 달라는
의뢰를 받은 적이 있다. 15년 이상에서 30년 정도의 강의 경력
이 있는 분들을 대상으로 하는 강의라서 사뭇 긴장된 마음으로
강의장에 들어섰다. 예상대로 선생님들은 눈을 반짝이며 강의
를 듣고 열심히 공책에 적었다. 이틀 동안 배운 새로운 교수법
을 본인 강의에 적용해 발표하는 날. 교사들은 적극적으로 준비
토론에 참여했다. 그리고 드디어 발표 시간이 돌아왔다. 그런데
대부분 뒷짐 진 자세로 발표하는 게 아닌가. 잠시 손을 움직이
다가 이내 부동자세로 돌아왔다. 그날 교사들의 발표는 머리와
몸이 따로 놀았다는 고백으로 마무리됐다.

  손짓에 따라 유형을 구분할 것도 없을 만큼 대한민국의 강사
들은 대부분 거의 움직이지 않는다. 그러니 잘 안 쓰던 손을 갑
자기 움직이는 것이 쉬울 리 없고 참으로 어색하다. 뭐든 하루
아침에 변하기는 어렵다. 몇십 년을 강단에 서온 교사와 교수,

그리고 목사에 이르기까지 내가 만난 교육생 중 어느 누구에게도 변화는 쉽지 않았다. 오랜 시간을 들여 노력해야 변화할 수 있는 영역이다 보니 많은 강사가 쉽게 얻지 못하는 기술이다.

그러나 시간이 드는 만큼 포즈와 제스처를 적절히 사용하며 강의하는 법을 익히는 것은 굉장히 가치 있고 중요하다. 청중의 마음과 행동이 변화하는 것은 단지 언어에 달려 있지 않음을 뼈저리게 느꼈을 땐 이미 한발 늦은 것이다. 그러나 당신은 이미 자신의 몸을 자연스럽게 움직이는 법을 알고 있다. 다만 상황에 적절하고 유연하게 활용하지 못할 뿐이다.

에이미 커디는 TED 강의에서 더 많은 사람이 몸을 움직여 삶을 바꿀 수 있도록 자기 이야기를 퍼뜨려 달라고 부탁한다. 좋은 강의는 청중의 삶을 변화시킨다. 강의에서 제스처를 적절하게 사용하면 그 변화에 더 큰 영향력을 발휘할 수 있다. 몸짓은 삶을 바꾸는 힘이 있다.

그렇다면 손을 어떻게 움직여야 강의 내용을 효과적으로 전할 수 있을까?

14

내용에 따른 효과적인 손짓 **활용법**

손짓을 쓰면 강의가 얼마나 풍부해지는지에 대해 앞에서 이야기했다. 여기서는 어떻게 하면 효과적으로 손짓을 써 강의의 격을 올릴 수 있는지 알아보자.

"말하면서 어디다 손을 두어야 할지 모르겠어요."

이제 막 연단에 서기 시작한 초보 강사들이 자주 하는 말이다. 그러나 사실 프로 강사들도 손을 자유자재로 쓰기는 어렵다. 우리보다 제스처를 자유롭게 구사하는 외국 명강사들의 강의를 보며 무작정 연습할 일도 아니다. 버락 오바마가 대통령 당선 연설에서 했던 것처럼 검지를 하늘로 치켜들며 진심을 전달하는 손짓을 하거나, 힐러리 클린턴이 영부인 시절 잘하던 제스처를 따라 검지로 청중을 가리키며 등장하면 우리 문화에서는 무례하다는 오해를 불러일으키기 쉽다. 국내에서 제스처를 잘 활용한다는 강사들을 보면 사실 어떤 의미를 담아 손짓을 구사한다기보다는 보통 사람보다 몸을 조금 더 움직이는 것에 불과하다.

강의에서 손을 움직여야 하는 이유는 능숙해 보이기 위해서도, 멋있어 보이기 위해서도 아니다. 강사의 메시지를 청중에게 효과적으로 전달하기 위해 그에 적합한 손짓을 하고 표정을 짓는 것이다.

세기의 트러블 메이커 패리스 힐턴은 음주 운전으로 수감되었다가 출소할 때 양손을 곱게 모으고 취재진 앞에 섰다. 언제나 당당하고 장난꾸러기 같은 그녀의 모습에 익숙한 대중은 착한 소녀 같은 그녀의 모습도 받아들였다. 미국 닉슨 대통령은 워터게이트사건 청문회에서 자신의 비리를 부정하면서 양손을 뒤로 모으거나 자신을 보호하듯 팔짱을 꼈다.

그와 마찬가지로 강사의 제스처도 청중에게 모두 들킨다. 청중은 강사의 제스처를 통해 그의 마음을 알 수 있다. 긴장한 강사는 막 출소한 패리스 힐턴처럼 두 손을 얌전히 겸손하게 모은

다. 반면 청중에게 꿈을 전달하고픈 열정 넘치는 CEO는 검지를 하늘로 치켜든다. 긴장한 초보 강사는 자신도 모르게 팔짱을 끼고, 권위를 보이고 싶은 사람은 뒷짐을 진다.

강의는 강사가 연출하고 완성하는 한 편의 이야기이기에 진정성을 담아 강의를 해나가고 그러는 동안 몸과 마음이 강의에 익숙해지면 몸의 움직임이 자유로워지고 나만의 트레이드 마크가 될 손짓도 생길 수 있다. 전문 기법이나 이론이 여럿 있지만 강의 제스처를 완성하기 전에 반드시 숙지해야 할 가장 기본 손짓 몇 가지를 소개하겠다.

앞으로 소개할 강의 제스처는 20세기 최고의 가족 심리 치료사 중 한 명으로 꼽히는 버지니아 사티어의 'Satir Categoryies'를 참고해 우리 강의에 맞게 변형한 것이다. 그녀는 인간에 대한 방대한 연구를 통해 일정한 커뮤니케이션 패턴들을 찾아 냈고, 가족 치료를 넘어서서 오늘날 수많은 연설가에게 최고의 도구를 선사했다. 『사람 만들기People Making』라는 책에서 그녀는 인간의 움직임과 커뮤니케이션이 일치되어야 한다고 이야기한다. 쉽게 말해서, 웃으면서 재미있는 이야기를 해야 더 잘 전달된다는 것이다. 상상해보라. 끔찍한 이야기를 밝게 웃으면서 한다면 상대방이 얼마나 당황스럽겠는가?

그렇다면 우리의 손짓, 몸짓과 강의 내용을 일치시키는 방법은 무엇일까?

● 집중을 유도할 때 쓰는 손짓, 레벨러

첫째 제스처는 레벨러Leveller이다.

한 사무실에서 한창 회의하다가 열띤 토론이 붙었다. 사람들
은 진행자의 진행 발언도 안중에 없다. 그러자 진행자가 손바닥
으로 책상을 탕탕 치며 "여기요. 잠시만 집중해보시죠!"라고 말
한다. 이때 책상을 손바닥으로 치듯 손바닥이 아래를 향하게 하
여 위아래로 움직이는 동작은 사람들의 주의를 환기하고 집중
하게 만든다. 이런 손짓을 레벨러라 한다. 레벨러는 어떤 상황
에서 사용할 수 있을까? 매우 중요한 메시지를 전할 때 이 동작
을 함께 취하면 소란을 가라앉히고 집중시키는 데 강력한 효과
를 볼 수 있다.

"어떻게 생각하세요?"와 같이 청중의 의견을 묻는 질문은
레벨러와 전혀 어울리지 않는다. 또한 회의 진행 중에 주의를
집중시키려고 이 손짓을 너무 자주 하면 오히려 회의 참가자
들의 심기가 불편해질 수 있다. 강의에서도 마찬가지임을 명
심하자.

강력한 의견이나 권한을 가진 남성은 무의식적으로 이 동작
을 할 때가 많다. 연예 MC 강호동 씨는 이 동작을 무의식적으
로 자주 한다. "자자! 저를 좀 봐주세요"라고 이야기하고 있다.
누군가를 이끌기 바라고, 또는 "아니에요!"라고 강력하게 말할
때 강하게 보이는 제스처다. 강의 중 이 동작과 함께 "지금이 말

청중은
강사의 제스처를 통해
그의 마음을
알 수 있다.

은 절대로 잊지 마십시오!" "이것만은 꼬~옥! 가져가시면 좋겠습니다"와 같이 말한다면 청중을 집중시키는 강력한 효과를 얻을 수 있다. 이 동작은 강력한 메시지가 필요한 연사들에게 더 큰 효과를 줄 것이다. 예를 들자면, 어린 여성 강사가 이 동작을 사용하면 훨씬 더 큰 효과를 낼 수 있다.

● 환영한다는 의미의 손짓, 플레케이터

둘째로 플레케이터Placater를 소개한다. TV 퀴즈 프로그램 「도전, 골든벨!」에서 학생들이 문제에 대한 답을 개인 칠판에 적으면 사회자는 학생들을 향해 손을 뻗으며 이렇게 말한다. "보여주세요!" 이때 하는 자연스러운 자세가 바로 '초청'하는 메시지가 담긴 제스처, 플레케이터다. 내 수업에 참가하는 학생들은 "콜!"이라고 재미있는 이름을 붙이기도 했다. 「개그콘서트」의 코너였던 '불편한 진실'에서 황현희 씨의 단골 멘트와 동작을 떠올려보자. "왜 이러는 걸까요?" 이때 그는 플레케이터 제스처로 자신의 생각에 우리를 초청한다.

강의에서 이 '초청'이 주는 안전한 느낌을 얼마든지 활용할 수 있다. 강의 중에 강사는 끊임없이 청중을 초청해야 한다. "어떻게 생각하세요?" "누가 도와주시겠습니까?" "다 알고 계시지요?" 강의에서 해야 할 수없이 많은 이야기를 이 제스처와 함께 하면 더 강력하고 역동적으로 전달할 수 있다. 손을 뻗어 상대

를 맞아들이는 이 손짓은 너무 강해 보이는 '마초' 연사들에게
부드러운 이미지를 주기도 한다.

● **권위 있어 보이고 싶을 때 쓰는 손짓, 컴퓨터**

셋째로 소개할 손짓은 내가 '로댕 제스처'라고 일컫는 컴퓨터
Computer 제스처이다. 이름만 들어도 알 만큼 로댕의 유명한 동
상을 생각하면 자세를 쉽게 떠올릴 수 있을 것이다. 한 팔로 다
른 팔을 받치고 다른 팔로 턱을 괸 자세, 컴퓨터 제스처는 '나는
논리적이며 답을 줄 수 있어'라는 의미를 포함하고 있다. 이 자
세는 애플사의 CEO였던 고 스티브 잡스가 유난히 자주 취했
다. 그가 남긴 수많은 사진에서 그는 자연스럽게 한 팔로 턱을
괴고 있다. 그가 얼마나 생각하는 사람이었으며, 답을 주려고
했는지 자세만 봐도 알 수 있다.

이 자세가 강의장에서 쓰이면 권위를 실어주기도 하는데, 재
미있는 사실은 이 자세가 한국에서는 강의 시작 시 청중에게서
관찰된다는 점이다. 우리 청중은 강의를 논리적으로 깊이 생각
하고 분석하며 듣는다. 수많은 초보 강사가 그러한 청중의 자세
에 압도되기 쉬운데 그럴 필요 없다. 그들은 자신도 모르게 진
지한 학습자임을 보여주는 것뿐이다. 진지한 강의 중 생각하거
나 질문받는 시간에 이 자세를 사용한다면 사람들을 몰입시키
는 탁월한 효과를 볼 것이다. 실제로 스티브 잡스는 프레젠테이

션 전 단계에서 이 자세를 취해 청중이 그를 더 '스마트'하게 보게 하는 부가적 효과를 누리기도 했다.

● 강조하고 싶은 부분에서 쓰는 손짓, 블레이머

넷째로 소개할 제스처는 버락 오바마나 힐러리 클린턴이 연설할 때 자주 쓰는 제스처, 블레이머Blamer다. 오바마는 '제 말은 중요합니다. 그러니, 행동하세요!'라는 잠재적 메시지를 전하였고, 힐러리는 연설 전 청중을 지목하며 "너야 너!"라는 메시지를 보내는 데 사용했다. 한창 인기를 끌었던 '정 여사'라는 「개그콘서트」의 코너에서도 이 제스처가 보인다. 말도 안되는 물건의 환불이나 배상을 요구하는 진상 고객을 연기하는 '정 여사'의 자세를 떠올려보자. "너 이거 못 바꿔줘? 이거, 바꿔줘"라며 끊임없이 블레이머 제스처를 사용한다.

이 제스처는 "너를 두고 하는 얘기야!"라든지 "중요한 일이야!"라는 메시지를 자연스럽게 전달한다. 강의 중에 청중에게 동기부여를 할 때 누구 한 사람을 가리키기보다는 하늘을 향해 이 손짓을 하면 효과적이다. "이것만은 반드시 실천하십시오!" "중요한 이야기입니다"라고 이야기하고 싶을 때 활용하자.

● 겸손하게 주장하는 손짓, 베거

우리나라에는 유난히 손을 앞으로 가지런히 모으고 강의하는 사람이 많다. 유교 문화권에서 겸손하게 보이고 싶은 강사가 많기 때문이다. 손을 어디다 두어야 할지 모를 때 두 손을 모으고 있는 것이 가장 편하다는 사람들도 있다. 내가 중국 절강대학교에서 리더십 강의를 할 때 만난 동료 연사는 이러한 아시아인들의 자세를 베거Beggar라고 이름 붙였다.

'도와주십시오'라는 의미의 아주 겸손한 자세를 마지막 제스처로 소개한다. 긴장되는 첫 강의의 도입부에서 또는 개인적인 의견을 이야기할 때 아주 효과적으로 쓰인다. 다만, 이 자세에 편안함을 느끼게 되면 강의 전체가 겸손하지만 지루해질지도 모른다. 필요할 때 말고는 손을 모으지 말고 움직이는 것이 핵심. 일례로 마이크를 잡고 말하는 강사와 무선마이크를 꽂고 이야기하는 강사 중 누가 더 프로다워 보이는가. 겉모습만으로 강사의 깊이를 추정하기 어렵지만 적어도 무선마이크를 꽂고 이야기하는 강사는 강의에 울렁증이 없을 확률이 높다.

다시 말해, 말할 때 손을 어디에 둘지 안다는 것은 그만큼 말하기가, 강의하기가 자유롭다는 이야기이며 자기 강의에 자신 있다는 반증이다. 그래서 나는 처음 강의에 입문하는 이들을 코칭할 때 되도록 손에 무언가 들고 있는 버릇을 들이지 말 것을 권한다. 강의 시트라도 들고 이야기해야 마음이 놓이는 것은 강사가 움직임에 둔해지는 신호이기도 하다. 실제로 내 수업에서도 붙잡은 손을 떼는 것에서부터 제스처 연습을 시작한다. 평소에는 손을 잘 움직이다가도 청중 앞에만 서면 긴장 상태로 돌입해서 손을 마주 잡고, 펜을 붙잡고, 연단을 붙잡는다. 청중을 붙잡으려면 당신의 손은 떨어져야 한다.

이상으로 알아두고 익히면 좋은 강의 제스처 다섯 가지를 살펴봤다. 모든 손짓에는 의미가 있다. 그리고 우리는 그것을 날마다 삶에서 사용한다. 엄지손가락을 들면 '최고!'라는 의미이고, 검지는 '지적'하는 것이고, 가운뎃손가락은 험한 말이며, 넷째 손가락에 낀 반지는 '사랑하는 사람'이 있다는 뜻이고, 새끼손가락은 '약속'이라는 의미로 사용한다. 우리는 손짓으로 소통한다. 때로는 손짓이 말보다도 훨씬 강력하게 의미를 전달한다. 손짓은 청중을 사로잡는 강력한 힘을 지니고 있다. 손짓으로 청중을 끌어들이자.

C H A P T E R
6

하 고 싶 은 이 야 기 설 계 하 기

청중이 경험했을 법한 내용으로 강의를 시작할 때 청중은 자신의 경험과

강의 내용을 연결할 수 있고, 강의에 매력을 느낄 뿐 아니라 몰입의 수준도 높아진다.

청중의 경험, 청중이 공감할 만한 이야기를 하는 것이 핵심이다.

강사가 아무리 탁월한 내용을 가지고 있더라도 청중이 공감할 수 없다면 눈 뜨고

듣기 어렵다. 결국 강의할 때 강사가 가장 먼저 고려해야 할 사항은 청중이다.

청중이 강의를 어떻게 받아들이는지 알아야 비로소 '강의'를 할 수 있다.

15

왜, 뭐, 어떻게, 만약에

초등학교 시절 무협지의 세계에 빠진 나를 사로잡았던 것은 당대를 풍미했던 『영웅문』이다. 전개 방식과 내용도 매력적이었지만 나를 사로잡았던 것은 바로 무림의 비기, 도룡도와 의천검이었다. 그 비기를 얻기 위해 목숨을 건 수많은 무림의 영웅 이야기를 읽으며 나는 의협심을 길렀다. 위대한 『영웅문』의 감동을 잊을 즈음 만난 무협 만화 『열혈강호』에도 무림의 보물, 화룡도와 복마화령검이 나온다. 용이 튀어나오고 꽃이 뿌

려지는 화려한 효과를 자랑하는 보물은 주인공의 내공이 성장함에 따라 점점 더 진가를 발휘했다. 마침내 주인공은 궁극의 경지에서 비기를 완전히 익혀 검과 합일된 수준을 이루고, 어떤 검객과도 견줄 수 없는 수준의 무예를 펼친다. 뜬금없는 무협지 이야기는 앞으로 전개할 이야기와 깊은 관련이 있다.

글을 쓰거나 말을 할 때 기승전결의 구조를 짜임새 있게 세우는 것은 기본 중의 기본일 것이다. 무엇을 배우든지 기본 원리인 구조를 아는 것은 매우 중요하다. 나는 그동안 수많은 강의의 구조에 대해 이야기를 들었다. 국내외를 막론하고 유명하다는 강의 이론과 기술을 배웠지만 '보검'의 역할을 할 원칙을 발견하고 싶은 내 호기심을 채우기엔 부족했다.

그러던 중 외국의 컨설팅업체를 통해 두뇌와 학습이론의 세계적 거장 버니스 매카시를 만나 4MAT Masters of Art in Teaching 시스템을 교육받은 것은 행운의 시작이었다. 시카고까지 날아가서 만난 버니스 매카시 박사의 교육은 강의법을 가르치는 나에게는 도룡도였고 화룡도였다. 한국에 꼭 적용하고 싶은 기술이었다.

청중 중심의 강의, 단순히 아는 것을 전달하는 게 아니라 어떻게 전달하는지에 관한 그녀의 연구 결과들은 그동안 고민해왔던 강의 기법을 통합하고도 남을 만큼 충분히 매력적이었다. 이 책에서 소개할 강의 설계법은 4MAT의 기본 구조를 바탕으로 정리한 내용임을 밝힌다. 본래 4MAT 시스템은 강의 이론에 그치는 것이 아니라 창의력과 리더십을 포함한 모든 교육 분야에 적용된다. (폴앤마크는 미국 4MAT 본사인 About Learning사와 국내 4MAT 사용에 대한 독점 계약을 맺고 있음을 밝힌다.)

학습이론에서 출발한 4MAT는 '인간은 어떻게 학습하는가?'에 대한 고민에서 시작되었고, 학습은 경험에서 비롯된다는 것을 밝혀냈다. 갓 태어난 아기가 경험을 통해서 세상을 받아들이는 것처럼 교육도 경험이 선행되어야 진정한 교육으로 거듭난다고 가르친다.

최고의 강사는 아이에게 설명할 수 있는 사람이다. 실제로 내가 교육한 훌륭한 강사들 중에는 문화센터에서 5~7세 아이들에게 스타였던 강사도 있고, 청소년들에게 꿈과 비전을 설파하는 강사도 있다. 아이를 가르치다 보면 누구든 일단 '계급장'을 떼고 '강의력'으로 승부를 볼 수밖에 없다. 창의성과 유연성, 리더십, 성량과 체력은 강사의 필수 조건이다. 아이는 가지고 있는 정보도 충분하지 않아 그들의 정보를 최대한 확장하고 즐겁게 해주는 사람, '뽀미 언니'로 대변되는 아이의 선생님은 훌륭한 강사의 모든 조건을 갖추었다.

'춤을 글로 배웠습니다' 국내 모 포털사이트의 동영상 검색 서비스 카피가 기억에 남는다. 사실 글보다는 낫겠지만 동영상을 보고 춤을 배우기는 쉽지 않다.

실제로 수많은 경험을 하기 전까지는 강의의 경우도 크게 다르지 않다. 청중이 경험했을 법한 내용으로 강의를 시작할 때 청중은 자신의 경험과 강의 내용을 연결할 수 있고, 강의에 매력을 느낄 뿐 아니라 몰입의 수준도 높아진다. 청중의 경험, 청중이 공감할 만한 이야기를 하는 것이 핵심이다. 강사가 아무리 탁월한 내용을 가지고 있더라도 청중이 공감할 수 없다면 눈 뜨고 듣기 어렵다.

강의할 때 강사가 가장 먼저 고려해야 할 사항은 강사 자신이 아닌 청중이다. 청중이 강의를 어떻게 받아들이는지 알아야 비로소 '강의'를 할 수 있다. '구슬이 서 말이라도 꿰어야 보배'라는 말처럼 강의의 전체적인 기승전결을 강사의 정보전달 측면에서 설계하는 것이 아니라 청중의 입장에서 정리하는 성공 강의의 습관이 바로 4MAT이다.

사랑에 빠진 두 사람의 대화에서 청중(연인)을 위한 4MAT 강의 기술의 핵심을 발견하자.

●— 여자: **왜** 그렇게 쳐다봐?

여자: 예뻐서.

여자: **뭐**?

남자: 예쁘다고. 예뻐서 보는 거야.

여자: 오빠는 **어떻게** 내가 매일 그렇게 예뻐?

남자: 앞에서 보면 천사 같고, 옆으로 보면 그림 같고, 서 있으면

모델 같고, 그냥 어딜 봐도 예쁜 걸 어떡해.

여자: **만약에** 내가 나이 들어서 안 예쁘면 어쩌려고?

남자: 넌 나한테 늘 예뻐. 오빠가 예쁘게 지켜줄게.　　　—●

　사랑에 빠져 상대방만을 생각하는 연인의 대화야말로 청중 중심의 4MAT 구조를 완벽하게 갖추고 있다. **왜, 뭐, 어떻게, 만약에.**

　이번에는 폴앤마크 강의 기술 세미나에 참여하기 전인 두 청년의 대화를 통해서 4MAT를 발견해보자.

●—　종목: 이거 **왜** 들으라고 하는 거야?

평안: 너 최근에 발표자로 나섰다가 너무 떨려서 발표를 망쳤

다고 말했지? 그런데 이제 매주 발표해야 한다면서?

종목: 맞아. 정말 스트레스 받아. 아, 누가 대신 좀 해주면 안 되

나?

평안: 오늘 이 세미나가 하루 만에 배우는 강의 기술 세미나야.

종목: 내용인 **뭔데**?

평안: 강의 전반에 대한 거. 목소리, 동선, 강의 설계까지 가르

쳐 준대.

종목: 그걸 하루 만에 **어떻게** 가르쳐준대?

평안: 각각의 내용을 강의와 실습으로 진행해서 몸에 익히게

해 준다고 하던데 더 자세한 건 가봐야 알겠지.

종목: (만약) 강의에 참석하면 바로 써먹을 수 있을까?

평안: 글쎄. 나도 처음 참석하는 거라. 그런데 지난번에 참석한

면구 씨는 발표력이 확실히 늘었더라.　　　　　—●

　그렇게 4MAT의 구조는 철저하게 사고의 흐름에 맞추어
져 있다. 4MAT는 인간 사고, 강의 흐름에 대한 큰 그림이다.
4MAT는 우리가 무언가를 제대로 배우기 전에 '왜?'라는 질문
의 답을 찾고, 그에 대한 큰 그림 '무엇'을 배울 것인지를 확정하
며, 구체적으로 '어떻게' 하면 되는지 알고, 마지막으로 '만약에'
를 통해 미래에 적용하고 지식을 얻게 된다는 이론이다.

　강의 중심으로 4MAT를 간단히 정리하면 다음과 같다.

●—　1. Why: 청중에게 강의 배경을 전달하고, 공감을 이끌어내어

　　　'왜' 들어야 하는지 참여시키는 단계.

　　2. What: 강의의 큰 그림을 통해 '무엇을' 이야기할지 전개하

　　　는 단계.

　　3. How: 구체적인 기술과 실행 방안을 구체적으로 '어떻게'

　　　할 수 있는지 전달하는 단계.

　　4. If: 강의를 정리하고 '만약에' 자신의 상황이라면 어떻게 적

용할지 상상하도록 돕는 단계.　　　　　　　　　　—●

　그렇다면 '사탕을 덜 먹어야 하는 이유'를 주제로 4MAT를 사용해 어린아이가 있는 교실 수업과 학부모를 위한 강좌를 설계해 보자.

●——　Why: 어린이 여러분, 안녕하세요! 오늘은 언니랑 아주 재미있는 이야기를 해볼 거예요! 자, 사탕을 좋아하는 친구들 손들어보세요! 와~ 많구나! 그럼, 사탕을 먹어본 사람? 와~ 옆친구들한테 언제 사탕을 먹었는지 이야기해볼까요? 잘했어요. 이번에는 좋아하는 사탕이 뭔지 이야기해볼까요? 좋아요. 선생님도 사탕을 정말 좋아해요.

　　　　What: 그런데 사탕 안에는 나쁜 친구가 숨어 있어요. 이 친구의 이름은… 궁금해요? (네~) 이 친구의 이름은 '타르'라고 해요. 나쁜 친구의 이름이 뭐라고요? (타르요!) 사탕을 너무 많이 먹으면 어떻게 되죠? (이빨이 썩어요!) 그래요. 타르가 사탕 속에 숨어서 우리를 공격하는 거예요. 이빨이 썩으면 맛있는 사탕도 초콜릿도 아파서 먹을 수가 없어요.

　　　　How: 그럼 어떻게 해야 할까요? (먹으면 안 돼요.) 그래요. 조금만 먹어야 우리가 타르를 이길 수 있어요. 오늘 배운 친구 이름은? (타르) 어디 들어 있어요? (사탕이요!) 그럼 어떻게 해야 되나요? (조금만 먹어요!) 옆 친구들에게도 얘기해볼까요?

"조금만 먹어야 돼!"라고 알려주세요. (웅성~)

If : 오늘 집에 가서 엄마에게 타르 이야기를 해주세요. 그럼,

선생님은 안녕!   —●

이제 뽀미 언니를 학부모 강좌에 세우기 전에 중요한 내용을 배워보자. 그리고 여섯 살 아이에게 했던 이 방법의 핵심을 어른들인 학부모에 적용해보자.

●— 1. Why: 먼저 아이들 모두에게 질문하며 친해지기 시작한다.

2. What: 오늘 가르칠 핵심 내용을 이야기한다.

3. How: 어떻게 해야 하는지에 대해 구체적 행동과 결과를 알려준다.

4. If: 친구들과 식구들에게 적용하도록 도와준다.   —●

이번에는 4가지 핵심 내용을 적용해 같은 주제로 학부모를 대상으로 강의를 시작해보자.

●— Why: 안녕하세요? 뵙게 돼서 반갑습니다. 오늘 강의를 진행할 박뽀미입니다. 저와 상담을 나누셨던 부모님 손 한번 들어주세요? 아~ 반갑습니다. 저를 처음 보는 부모님들도 있

죠? 손 한번 들어주세요. 네. 환영합니다. 아이들 건강에 도움이 되는 즐거운 시간이 될 것 같습니다. 오늘은 최근 화제가 되고 있는 사탕류에 들어가는 화학 첨가물에 대해서 이야기하려고 합니다. 자, 두 분씩 짝을 지어서 아이들이 좋아하는 사탕, 초콜릿, 이름까지 알면 이름을 좀 이야기해주세요. (웅성웅성) 와, 같은 종류의 사탕 이름을 말하고 바로 친해진 분도 있네요.

What: 사탕에는 설탕 외에 여러 가지 첨가물이 들어가는데요, 그중 하나가 모두 아는 색소죠. 최근 뉴스에 나와 화제가 된 색소가 타르라는 색소예요.

How: 이 타르는 이러저러한 영향을 주고, 이러저러하게 진행이 됩니다. 그래도 애들이 단것을 달라고 하면 안 줄 수가 없는데요, 어떻게 할까요? 이러저러하게 적용하는 것이 좋습니다. 자, 제가 지금 말씀드린 내용 가운데 빈칸이 있는데 옆에 부모님들과 상의해서 빈칸을 좀 채워주세요. (웅성웅성)

If: 오늘 배운 내용, 아이들 식습관을 잘 지도해서 건강하게 키우길 바랄게요. 혹시 질문이 있나요? 네. 고맙습니다. 안녕히 돌아가세요.

—●

두 사례는 같은 내용을 다른 대상에게 어떻게 전하는지 보여주고 있다. 실제로 내가 강의했던 공신캠프에서 같은 내용을 청소년과 학부모에게 앞의 예시처럼 강의했다. 대상이 달라졌을 경우 분량이 줄어들 수는 있지만 내용이 바뀌지는 않는다. 다만 가르치는 방식만 바꾼다. 여섯 살도 이해할 수 있을 정도로 이야기한다는 것은 자신이 내용을 충분히 소화해 얼마든지 대상에 맞게 재창조할 수 있다는 것이다.

뽀미 언니가 충분히 소화하지 못한 내용을 강의하려고 했다면, 인터넷을 검색해서 '유해 첨가물 표'를 보여주고, 건강하고 규칙적인 식단의 중요성에 대한 영양학 이론과 타르의 성분 분석 결과만을 이야기했다면 청중에게 제대로 전달되지 않았을 것이다. 재미없는 강의가 되었을 가능성이 매우 높다. 실제로 강사인 나도 '재미없는' 강의는 정말이지 힘들 때가 많다. 중요한 것은 어떤 방식으로 이야기를 전달하느냐의 문제이다.

4MAT 모델의 별명 중에 하나는 '내추럴 사이클Natural Cycle'이다. 자연스러운 흐름이라는 말이다. 그래서인지 많은 사람 특히 전문가들이 4MAT를 배우면 이렇게 반응한다.

"내용을 체계적으로 매우 잘 정리해놓은 것 같아요!"

폴앤마크의 기획연구소 박신영 소장은 4MAT 교육과정에 참여하는 내내 기획 전문가답게 감탄을 연발하며 4MAT를 그녀만의 인사이트로 발전시켜 『기획의 정석』이라는 베스트셀러를 탄생시켰다. 어쩌면 4MAT는 뭔가 좀 하는 사람들의 비기일지도 모른다. 다음 장에서는 4MAT를 기반으로 나만의 강의 비기를 정리하여 좀 더 구체적인 강의 설계 기법을 소개하겠다.

16

연결하고 참여하게 하라

    사람들은 강사를 '지휘자'에 비유하기도 한다. 서로 다른 악기를 연주하는 연주자들을 이끌어 아름다운 하모니를 만들어내는 과정이 강의와 비슷하기 때문이리라. 그러나 연주자들이 지휘자의 작은 손끝에 집중하여 음악을 만들어내는 것과는 달리 강사의 말 한마디, 손짓 하나에 청중이 호응하고, 박수치는 경우는 매우 드물다. 강사가 마주하는 청중은 탄탄한 기본기를 갖춘 오케스트라의 연주자와는 달리 기본적인 호응마저도 어색하게 생각해 하지 못한다. 적어도 내가 만난 많은 청중은 그랬다. 강사와 청중 모두 긴장감을 숨기고 쫄지 않는 것도 쉽지 않다. 누구나 멋진 강의를 연주하고 싶어 한다. 청중을 이끌고, 함께 하모니를 만들고 싶은 강사 지망생들에게 도움이 될 거란 믿음으로 내 경험들을 구조화했다.

● Why, 관심과 참여를 이끌어내라

경험이 많은 강사일수록 청중의 첫 반응을 이끌어내는 것이 얼마나 중요한지 알고 있다. 버니스 매카시는 그의 4MAT 이론에서 강의 첫 단계로 강사와 청중의 연결, 청중의 참여Connect and Attend를 다룬다.

강의를 시작할 때 가장 중요한 것은 청중의 반응이다. 반응하지 않는 청중에게 강의한다는 것은 벽에 대고 이야기하는 것보다 몇 배는 힘들다. 아무 대꾸도 하지 않는 사람과 말하는 것처럼 어려운 일은 없다. "안녕하세요? 최재웅입니다" 하고 인사했는데, 수천 명의 청중이 목석처럼 표정 없이 나를 뚫어지게 바라본다고 상상해보자. 공포 영화가 따로 없다. 그래서 강사는 본능적으로 청중의 반응을 얻으려고 한다. 쉽게는 인사를 던지는 것부터 노래를 하는 사람, 특별한 의상으로 관심을 끄는 사람, 게임을 하는 사람, 스토리텔링을 하는 사람, 마술을 하는 사람, 심지어 춤을 추는 사람도 있다.

'반응'이야말로 청중의 참여와 연결을 이루었다는 증거다. 이것은 첫 단추를 잘 채우는 것과 같다. 만일 아무런 반응도 청중에게서 이끌어내지 못하고, 강사 자신이 하고 싶은 말만 한다면 강의장에 남아 있을 사람은 없다. 그럼 반응을 이끌어 내기 위해 제일 처음 우리는 무엇을 해야 할까?

기억하자. 보여주고, 질문하고, 움직이도록 해야 한다. 밤새 고민해 만든 동영상이나 사진을 '보여주고', 사람들이 궁금해할 내용을 '질문하고', 옆 사람과 악수하도록 '움직임'을 유도해야 한다. 강사가 인기 절정의 연예인이나 유명인이라면 그 과정은 생략 가능하다. 그렇지 않다면 반응의 기본 3단계를 통해 걸음마부터 배워보자.

1. 인사하라! 그리고 반응을 기다리자. 반응이 너무 적으면 한 번 더 크게 인사하라. 많은 초보 강사가 혼자 인사하고 시작한다.

2. 인사가 끝나면 청중끼리 눈인사라도 할 수 있게 제안하자. 두 번 정도는 제안하자. 처음 하는 강의라면 이 과정은 꼭 필요하다. 강사는 그 과정에서 머리와 마음을 좀 정리하고 숨도 한번 크게 쉴 수 있다.

3. 오늘 강의할 주제의 배경과 이유를 간단히 소개한다.

강의 서두에
청중을 이끄는 질문은
반드시 모든 사람이
답할 수 있는
내용이어야 한다.

이 3단계는 모든 강사에게 다 중요하며 특히 초보 강사는 반드시 숙지해야 하는 내용이다. 쉬워 보일지 모르지만 읽는 것과 하는 것의 차이는 생각보다 크다. 부디 연습을 한 다음에 실전에 들어가기를 당부한다. 3단계를 진행하고 나면 일반적으로 청중과 강사의 거리는 가까워지고, 청중은 다음 단계에 대해 궁금증과 열의를 나타낸다. 이 단계에서 청중이 내 강의를 왜 들어야 하는지 설득하고 청중을 이끄는 방법을 살펴보자. 강사의 캐릭터와 강의 유형별로 오프닝은 크게 다음과 같은 세 가지 나뉜다.

강의 주제와 관련된 스토리텔링으로 시작하기

마이클 샌델은 철길에서 사람의 생명을 좌우하는 순간의 선택을 이야기함으로써 청중의 이목을 집중시켰다. 스토리텔링으로 강의를 시작하는 것은 프로 강사들이 흔히 사용하는 기법이다. 최근 「연애학개론」으로 인기를 모으고 있는 김지윤 강사는 재미있는 이야기로 강의를 시작하는 데 탁월하다. 예를 들어, 남자가 칭찬에 약하다는 원론적인 이야기보다 남편에게 청소 잘한다고 칭찬한 뒤로 몇 년 동안 자신은 청소를 하지 않았다는 이야기로 시작한다. 우리 회사 폴앤마크의 공신 캠프를 개발하고 강의하는 우명훈 팀장은 학생들이 좋아하는 드라마나 연예인 이야기를 통해 청소년들의 집중력을 배가한다. 나 역시 강의를 시작하기 전 강의와 관련 있는 짧고 재미있는 이야기를 통해 주의를 환기한다.

스토리텔링은 사람들이 반응하게 하는 강력한 도구 중 하나다. 이야기를 선정할 때 주의할 점은 자신에게 의미 있는 이야기를 찾는 것이 아니라 청중에게 재미있고 의미 있는 이야기를 선정하는 것이다.

질문을 던지며 시작하기

아주 폼 나는 강의 기술 중에 하나는 질문을 던지고 청중 전체의 반응을 자연스럽게 유도하는 방식이다. 강의에서 던지는 질문에는 한 가지 비밀이 숨어 있다. 모든 사람이 질문의 대상자가 된다는 사실이다. 강의 서두에 청중을 이끄는 질문은 반드시 모든 사람이 답할 수 있는 내용이어야 한다. 우리는 그러한 질문 방식을 아주 쉽게 사용할 수 있다. 예를 들어 지역별, 나이별, 학년별, 부서별 호구조사 질문이다.

"경상도에서 오신 분들 손들어주세요. 전라도요? 강원도도 있나요? 제주도는요? 충청도는요? 경기도요? 서울이요? 아, 전국에서 오신 여러분 만나게 돼서 반갑습니다."

예를 들어 이렇게 강의를 시작하면 이미 청중에게 수많은 연결 고리를 던진 셈이다. (종종 자신의 소속집단을 거론하지 않으면 매우 서운해하는 사람들도 있으니 주의하자.) 강의를 듣는 청중의 반응이 달라지는 것은 불 보듯 뻔하다.

청중과의 첫 대면에서 시작부터 질문을 던지는 게 어색하고 적절한 질문을 선택하는 게 어렵다는 강사가 많다. 그런 강사를 코칭할 때 나는 질문하기의 기초와 효과를 설명하기 위해 전문성, 경험, 신체 순으로 질문을 던질 것을 제안하기도 한다. 이 기법을 사용하여 '책을 쓰는 방법'에 관한 강의를 시작하며 질문 던지는 법을 살펴보자.

●— 오늘 저는 '책을 쓰는 방법'에 관해 이야기하려 합니다.
　　자, 여러분 중에 한 권이라도 저서를 갖고 있는 분, 손들어주세요. (전문성)
　　그럼, 완성하지는 못했지만 책을 쓰려고 노력한 분? (경험)
　　펜을 드실 손은 있지요? (신체)　　　　　　　　　—●

조금은 낯간지럽지만 이러한 방식으로 단계를 나누어 질문을 던지는 것은 강사로 하여금 자신이 왜 이 강의에 적합한 강사인지 청중에게 확인시키고 청중의 호기심을 자극하여 강의에 참여하도록 만든다.

강의에 재미를 더하며 시작하기
우리나라 많은 강사의 가장 큰 관심사는 어떻게 유머를 사용해서 청중을 즐겁게 해주는가이다. 모두 원하지만 갖기 어려운 강의 기술이다. 그런데 무엇보다도 강사가 1인 2역을 해낼 때 사람들은 가장 공감하고 즐거워한다. 이 1인 2역의 즐거움을 극대화해서 성공한 사례를 하나 꼽자면 「2시 탈출 컬투쇼」다. 정찬우 씨의 할아버지 역할과 김태균 씨의 여성 역할은 청취자의 감정이입을 증폭하여 배꼽 빠지는 즐거움을 선사한다. 그런데 「컬투쇼」뿐 아니라 대한민국의 스타 강사들은 어느 정도 1인 2역의 연기를 하고 있다. 강의의 유연성과 재미를 함께 잡을 수 있기 때문이다. 나 역시 강의하는 중간중간 청중과의 공감을 위해 다양한 역할을 소화한다. 커뮤니케이션에서 경청이 중요함을 강조하며 역할극을 진행한다.

●── 여자: 오빠, 오늘 회사에서 정말 힘든 일이 있었어. 있잖아. 회

의를 6시에 소집하는 거야. 저녁도 안 주고 말이야.

남자: 어~ 야! 축구 시작한다!

여자: 오빠~ 나 정말 힘들었단 말이야. 회의 때는 어쩌고저

쩌고.

남자: 슈우우우우우웃!!!!!

여자: 헤어지자.   ──●

서로 집중해서 이야기하라는 백 마디의 말보다 하나의 상황

극에 청중은 공감하고 심지어 몰입하고 웃기도 하고 탄식을 하기도 한다. 1인 2역 상황극을 하기 위해서는 먼저 확실하게 구분되는 목소리를 하나 개발하는 것이 중요하다. 그런 뒤 캐릭터에 생명을 불어넣는 노력을 가미할 때 청중은 슬며시 웃음을 보여줄 것이다. 강의의 성패는 오프닝에 해당하는 1악장에서 이미 결정된다고 해도 지나치지 않다. 처음 강의법을 배우던 당시 내 스승 중 한 명인 스티브 애로우드는 강의를 어떻게 시작해야 할지 답답해하는 내게 이런 말을 던졌다.

"청중의 머릿속에 있는 말을 던져야 해!"

사실 강의 1악장의 모든 과정은 청중의 머릿속과 내 강의를 연결 짓는 것이다. 부디 강의 앞머리를 성공적으로 설계하기를 바라며 다음 단계로 넘어가자.

17

유쾌하게 감동 시켜라

　'반응'의 1악장이 끝나고 나면 강의는 자연스럽게 본론으로 들어가게 된다. 버니스 매카시의 4MAT는 이 단계에 필요한 교육의 큰 그림을 그려준다. 강사가 2악장에서 할 일은 청중에게 지루하지 않다는 확신을 주는 것이다. 끝이 어디인지 모를 강의를 들어본 적 있는가? 예정된 시간을 넘기고도 끝날 줄 모르는 수업에 거품을 물었거나 기분 좋게 만난 술자리에서 한 잔 두 잔 술이 오가다가 밤은 깊어가고 결국 내용도 없이 자리가 끝나는 경험은 누구나 한 번쯤 있을 것이다.

강의에서도 마찬가지다. 기분 좋게 '반응'을 이끌어내고는 본론으로 들어가서 지루함으로 '배신'당하기 쉽다. 서로 웃어준 처지에 갑자기 정색할 수도 없고, 그렇다고 내용도 없는 지루한 강의를 하염없이 듣는 것은 고역이다. 청중의 지루함을 가실 수 있는 가장 좋은 방법은 끝을 알려주는 것이다.

● What, 요점만 간단히 이야기하라

본론으로 들어가면서 강사가 먼저 무슨 이야기를 얼마나 할지 알려준다면 청중은 들어줄 준비를 한다. 방법은 간단하다. 몇 가지를 들으면 끝인지 알려준다.

"오늘은 강의를 더 살아 있게 만드는 강의 기술 다섯 가지를 알려드리겠습니다."

무슨 이야기를 할지 '정보'를 요약해서 알려준다.

"다섯 가지는 손짓, 동선, 목소리, 강의 설계, 청중 이해입니다."

그리고 이때 앞에서 배운 대로 청중에게 중요한 사항을 묻고 답하는 '콜백' 기법을 사용하는 것은 당신의 선택. 여기까지만 하면 2악장은 끝난다. 이 단계의 핵심은 하고 싶은 이야기를 줄이는 것이 아니다. 잘 정리해서 본론을 시작해야 한다. 본론 도입이 깔끔하지 않은 강의는 그릇도 준비되지 않았는데 내용물을 부어버리는 것과 같다. 미리 몇 가지인지 알려주거나 몇 문장으로 설명하면 청중의 머릿속은 다음 내용을 담을 그릇을 준비한다. "남자한테 참 좋은데 어떻게 표현할 방법이 없네!"라는 광고 문구는 지루하지 않고 궁금증을 유발하는 What에 관한 좋은 예시다. 제품이 무엇인지 간단하게 설명하고, 청중을 궁금하게 만드는 것에 이 단계의 목적이 있다.

강사에게 기분 좋게 '반응'한 청중이 지루하지 않다는 확신을 가지고 강의가 언제 끝날지를 알고 나면, 어떤 이야기를 하든지 들을 준비가 된 것이다. 이제 강의는 클라이맥스 3악장으로 넘어간다.

● How, 설명하고 실습하게 하라

버니스 매카시는 이 클라이맥스를 청중이 들은 바를 실행하고 조정하는 How의 단계로 설명했는데, 나는 전달하기 위해 온몸으로 발버둥 치는 '쇼 타임'이라고 정의한다. What의 단계에서 설명한 각각의 요점을 다시 강조하고 설명하고 필요하다면 실습도 추가하는 단계라고 할 수 있다. 이 단계에서는 "표현할 방법이 없네"라고 해서는 절대 안 된다. What에서 간단하게 정리한 요점에 대해 최대한 자세하게 설명해야 한다. 설명이 길어지면 지루해지는 법. 재미를 더하거나 강의한 내용의 이해를 돕는 실습을 더해야 청중의 관심을 잃지 않을 수 있다.

강사가 자신의 가슴속에 있는
단어를 던질 때,
청중은 그제야 머리로 배운 내용을
가슴으로 받아들인다.

앞에서 알아본 모든 방법을 강의에 녹여 설명해야 한다. 무대의 전후좌우를 움직이며 청중과의 거리를 좁혀가고, 손짓으로 메시지를 증폭하다가 필요한 순간에는 청중으로 하여금 강의 핵심을 소리로 몸으로 따라 하게 도와야 한다. 처음 강의에서는 어색한 옷을 입고 발버둥 치는 모습의 강사이겠지만, 시간이 갈수록 무대를 즐기는 프로 강사로 성장하게 될 것이다. 그러나 실제 강의법을 가르치고 실전에 나가기 직전 겁에 질린 초보 강사는 늘 묻는다.

"정말 할 수 있을까요?"

"배운 걸 한꺼번에 다 적용해야 하나요?"

할 수 있다. 정말 문제는 잘할 수 있는지에 관한 것이다. 천재가 아닌 이상 배운 내용을 한 번에 다 실행할 수는 없다. 처음이니 불안하고 두려운 마음은 당연하다. 강의 초기에만 맛볼 수 있는 성장통으로 인식하자. 그럼에도 불안해서 어쩔 줄 모르는 강사를 위한 나의 제안은 다음과 같다.

●— 1. 처음 강의할 때에는 적어도 2주 이상 좌우로 움직이는 동선만을 추가해 강의를 연습하고 진행한다.

2. 좌우 동선에 익숙해지면 강의하면서 청중에게 다가가는 것을 2주 이상 반복한다.

3. 동선이 자연스러울 즈음 청중에게 강사가 하는 말을 반복하

고 따라 하게 한다.

4. 손짓을 추가해 강의를 진행한다.

5. 습득한 기술을 하나씩 덧붙여나간다.　　　　　　　—●

그와 같은 방식으로 훈련하지 않고서는 강의 내용과 기술이 부드럽게 공존하기 어렵다. 강의 기술을 몸에 하나씩 체득하고 나서야 강사는 청중에게 멋진 드라마와 같은 강의를 제공할 수 있다. 그렇게 발버둥 쳐서 쇼 타임이 끝날 때쯤 강사의 옷은 공연을 마친 연예인처럼 기분 좋은 땀으로 젖기 마련이다. 모든 것을 던지듯 공들인 강의를 어떻게 마무리할까?

● If, 정리하고 마무리하라

이제 마무리 단계다. 청중이 새로 배운 내용을 자기 삶에 비춰볼 수 있게 하는 이 단계를 버니스 매카시는 If라고 정의했다. 나는 2009년부터 SK와이번스 야구단의 승리를 위한 교육과정을 약 3년간 개발하고 강의했다. 컨설팅 과정에서 투수의 스트레스 중 하나는 어려운 상황에서의 마음 관리라는 이야기를 들었다. 특히 마무리 투수의 마인드 컨트롤은 매우 중요해서 당사자에게는 스트레스다.

생각해보자. 야구에서 선발투수가 호투해서 6회, 7회까지 버티고 나면 승리를 결정짓는 것은 마무리 투수다. 그의 스트레스 지수는 상상을 뛰어넘는다. 확실한 투구로 경기를 승리로 마무리 지어야 할 뿐 아니라 선발투수의 노고를 헛되게 해서도 안 되며, 본인에 대한 평가와도 밀접한 관계가 있다.

강의도 역시 마무리가 중요하다. 청중의 반응을 이끌고, 핵심을 전달하고, 발버둥 치며 진행한 강의가 끝날 때쯤 강사는 마무리 투수처럼 던져야 한다.

나는 학창 시절에 유난히 토론 대회에 많이 참여했다. 토론을 할 때도 강의 원칙을 이해하는 것이 필요하다. 토론은 내가 알고 있는 지식으로 자기주장을 관철시키는 일종의 강의이기 때문이다. 토론 대회에 여러 번 참여하다 보니 토론에서 승리하는 비법 같은 것들이 생겼다. 그중 하나가 마무리 기술이다. 그것은 강의 마무리에도 동일하게 적용된다. 심지어 이 효과적인 승리 기법은 쉽기까지 하다. 지금까지 해온 강의의 핵심을 짧게 정리하면 된다. 강의 마지막에 자신의 생각을 잘 정리해서 전달하는 것은 배우려는 청중을 배려하는 강사의 예의다.

강의도 마찬가지다. 예를 들어 자녀 교육 강의를 마무리하며 "오늘 저는 자녀와의 커뮤니케이션에 대해 이야기하면서 감정보다 사실부터 이야기할 것, 몸집이 크다고 어른처럼 생각하지 말 것, 칭찬은 제때 구체적으로 할 것 등을 말씀드렸습니다"라고 정리하면 심사위원과 청중 모두 들었던 내용을 한 번 더 되새기게 된다.

맨 마지막은 어떻게 할까? 마지막 한마디를 뭐라고 할지 강사는 깊은 고민에 휩싸인다. '화룡점정'이라고 했던가? 마지막 점 하나가 명작과 졸작을 가르는 것처럼 강의 맨 마지막은 청중에게 깊은 여운을 남기는 한마디여야 한다. 그들의 삶에 강의가 작은 한 줄기 빛으로 남게 할 한마디는 절대로 화장실에 붙은 흔한 명언이어서는 안 된다. 청중은 강사가 화장실에서 가져온 명언과 가슴으로 던지는 명언을 귀신처럼 알아차린다.

실제로 당신의 가슴속에 있는 단어를 던질 때, 청중은 그제야 머리로 배운 내용을 가슴으로 받아들인다. 다음은 마음에 남는 명언을 던지며 정리하는 강의 마무리의 예이다.

●— 1. 액자식구성처럼 시작할 때 했던 이야기로 마무리 짓는다. "시작하면서 제가 여행을 가서 겪었던 어려움을 이야기했습니다. 그 어려움이 제 삶의 활력소로 바뀐 것처럼 여러분의 현실이 더 큰 활력소로 바뀌기를 바라며 강의를 마무리합니다. 고맙습니다."

 2. 실제 자신을 감동시킨 명언으로 마무리한다. "아이는 부모의 얼굴이라고 합니다. 아이의 얼굴을 더 아름답게 만드는 부모님들이 되기를 기원하며 강의를 마무리합니다."

 3. 강의 중에 강사 자신이 느낀 것을 정리해서 전달한다. "사실 강의를 시작할 때에는 적절한 내용인지 고민이 많았습니

다. 그런데 지금 여러분의 표정이 변화하는 것을 보면서 정말 부모님들께 필요한 내용이었다는 믿음이 생겼습니다. 부디 배운 내용을 현장에서 잘 적용하기를 바랍니다. 감사합니다."　　　　　　　　　　　　　　　　　　　　　　　　　　　—●

　여기까지가 강의 설계 기술 4단계다. 4MAT를 반복해서 연습하고 트레이닝을 할수록 훌륭하게 보완될 것이다. 부디 이 책을 읽는 모든 강사 지망생이 4단계를 열심히 반복하고 연습해서 청중을 움직이고, 유쾌하게 전달하고, 감동을 줄 수 있는 강사가 되기를 바라며 강의 설계 파트를 마무리한다.

CHAPTER
7

진 짜   강 사 로   사 는   법

공연은 '정말 그런 것처럼' 꾸며 전달해도, 마스크를 써도, 과장해도
훌륭할 수 있지만 강의는 그래서는 안 된다. '어떻게 삶과 강의가 일치하는
진짜 강사로 살 수 있느냐'는 질문에 내 대답은 너무나 뻔하고 간단하다.
"Live in it." 가르치는 대로 사는 사람.
내가 강의법을 배우며 귀에 못이 박히도록 들었던 말이다.

18

가르치는 대로 살아라

아주 오랜 옛날에 사람이 되고 싶은 곰과 호랑이가 있었다. 신은 100일 동안 마늘과 쑥을 먹고 견디면 사람이 될 수 있다고 하였는데, 호랑이는 100일을 못 채우고 뛰쳐나갔고, 곰은 100일을 채워 사람(웅녀)이 되었다는 이야기는 단군신화를 통해 모두가 알고 있는 이야기이다.

우리 회사 폴앤마크는 곰을 사람으로 만드는 곳은 아니지만 강의하기를 원하는 사람들을 프로 강사로 만드는 곳이다. 강의하기 원하는 사람들을 단군신화에 빗대어 곰형과 호랑이형으로 나눌 수 있다. 곰형의 강사 지망생은 배운 것을 자기 것으로 만드는 데 충분한 노력과 시간을 투자하는 사람이고, 호랑이형은 강의법을 제대로 배우기 전에 여러 가지 이유로 강의 시장에 뛰어든 사람이다.

어떤 분야에서든 전문가가 되려면 말콤 글래드웰Malcolm Gladwell이 『아웃라이어』에서 이야기한 '1만 시간의 법칙'과 같은 절대 시간의 투자가 필요하다. 좋은 의사, 요리사, 변호사, 디자이너는 절대로 하루아침에 만들어지지 않는 것과 같이 좋은 강사도 하루아침에 되지 않는다는 사실을 강사로 성장하고 싶은 사람들은 알아두어야 한다.

하루는 여러 권의 책을 집필한 강사 지망생이 함께 일하고 싶다며 폴앤마크를 찾아왔다. 호감형의 외모에 최고의 학력과 경력을 겸비한 매력적인 그에게 강사가 되기 위해서는 일정 기간의 훈련이 필요하다고 설명하자 그는 심각하게 고민하는 표정을 지었다. 나는 그에게 물었다.

"지금 하고 있는 법조인 자격을 얻기 위해 얼마나 오랜 시간 공부했나요?"

"4~5년 걸린 것 같습니다."

"자격을 얻고 바로 현장에서 일했나요?"

"시간이 걸렸지요."

"강의를 하기 위해서도 시간을 투자해야 합니다. 그래야 더 잘할 수 있습니다. 지금 하는 일을 잘하기까지 투자한 시간의 10분의 1도 들지 않습니다. 어떻게 하겠습니까?"

결과적으로 안타깝게도 그는 우리와 함께 일할 수 없게 되었다. 그 지망생뿐 아니라 우리 회사의 시작과 성장을 함께하고 있는 강사들에게 나는 첫 대면에서 같은 말을 했다.

성공하고 싶어서, 내 목소리를 내고 싶어서, 세상을 바꾸고 싶어서, 청중 앞에서 희열을 느끼고 싶어서 등등 내가 막 강사가 되었을 때보다 강연 문화가 발달한 지금, 자신의 이야기를 하는 강사를 꿈꾸는 사람은 점점 늘어나고 있다.

누구나 하고 싶은 이야기가 있고, 그 이야기를 누군가에게 전하고 싶어 한다. 그러나 그런 강의를 하기 위해서 시간과 노력을 투자해야 한다는 것을 받아들이지 못하는 사람이 많다. 특히 자신만의 콘텐츠를 갖고 있고, 남 앞에서 말하는 것을 두려워하지 않는 사람은 아주 약간의 팁만 숙지하면 강의할 수 있다고 쉽게 자신한다. 그러나 그런 자신감은 아이러니하게도 시작 단계에서 독으로 작용한다.

물론 자신감은 강의의 완성 단계에서는 무엇과도 바꿀 수 없는 어마어마한 나르시시즘으로 강의에 긍정적 영향을 미친다. 절실함도 중요하지만 전문가로 완성하는 것은 자신감이기 때문이다. 나는 만나는 모든 사람에게 청중을 속이지 않는 진짜 강

사로 살아가기 위해서는 오랜 시간 땀 흘려 내공을 쌓아야 한다
고 온몸으로 전달한다.

진짜 강사가 되기를 진심으로 희망하는 이들도 사실 어디서
부터 어떻게 노력해야 할지 큰 그림을 구상하기 어려워할지도
모른다. 괜찮다. 10년을 전문 강사로 살아온 나도 그랬고 나와
함께 폴앤마크를 키우고 있는 직원들 역시 그렇게 시작했다. 본
론으로 들어가기 전에 내가 생각하는 강사의 믿음을 전달하고
자 한다. 이제 소개할 작지만 당당한 믿음은 어쩌면 내가 생각
하는 '진짜' 강의의 모든 것을 꿰뚫는 핵심일지도 모른다.

우리 회사의 모토는 'True Success Makers(진심 어린 마음으
로 세상을 변화시키는 사람들)'이다. 나는 진짜 강사가 세상을 바꾼
다고 믿는다. '진짜'가 무엇일까? 우연히 강의장의 강사 대기실
에서 이런 농담을 들었다.

"리더십 강사는 리더십이 없고, 서비스 강사는 서비스 마인드
가 없지요."

대기실의 강사들이 함께 웃고 있었다. 가짜다. 부끄럽다. 전
달하는 말과 삶이 일치하지 않고서는 청중에게 전달하는 말에
혼soul이 들어갈 수 없다. 진짜로 완벽해질 수는 없지만 말하는
대로 살기 위해 온몸으로 애써야 한다. 절대로 잊지 않으려는
가르침. '말하는 대로 행하라Practice what you preach!' 그게 강사
의 믿음이다. 자신이 말하는 대로 살기 위해 애쓰는 것이 강사

자신이 말하는 대로
살기 위해 애쓰는 것이
강사가 지켜야 할
기본 도리이다.

가 지켜야 할 기본 도리이다. 그래야 진짜 강사가 되고, 그래야 누군가를 도울 자격을 얻을 수 있다.

강연이나 강의를 정의하라고 하면 '쇼'라고 일컫는 사람들도 있다. 세상에는 다양한 해석이 있고 나름대로의 시각이 있지만 나는 강의를 쇼로 이해하고 강사를 양성하지는 않는다. 폴앤마크의 방식대로 정의한 리더십 강사는 리더십에 대한 전문 지식을 가르치는 데에서 머물지 않고 그 리더십의 원리대로 살기 위해 실천하고 경험을 쌓아야 하며, 서비스 강사 역시 고객을 향한 진정성과 서비스 역량을 갖추어야 한다. 기획을 가르친다면 실제로 무언가를 기획하는 것을 좋아할 뿐더러 전문적 기획 경험 역시 쌓아야 한다.

무엇보다 가르치는 내용의 '진정성'이 중요하다. 청중에게 임팩트를 주는 강사의 한마디는 한 사람의 인생을 바꾸어놓을 수도 있고, 나비효과로 조직을, 나라를 아니, 세상을 바꿀 수도 있다는 것이 강의에 대한 나의 믿음이다. 교수법, 가르치는 방법의 변화를 통해서 자기 안에 있는 깨달음과 경험이 상상할 수 없는 어마어마한 영향을 미칠 수 있기에 강사는 '진짜'여야만 한다. 이 점이 무대에 올라가는 것은 같지만 공연을 하는 사람과의 가장 큰 차이다.

공연은 '정말 그런 것처럼' 꾸며 전달해도, 마스크를 써도, 과장해도 훌륭할 수 있지만 강의는 그래서는 안 된다. '어떻게 하면 진짜 강사로 살 수 있느냐'는 질문에 내 대답은 너무나 뻔하고 간단하다. "Live in it(가르치는 대로 살아라)." 가르치는 대로 사는 사람, 내가 강의법을 배우며 귀에 못이 박히도록 들었던 말이다.

그러한 내 원칙 때문에 우리 회사의 강사들은 강사가 되기 위한 트레이닝 과정에서 수없이 울고 자신과 싸우며 한계를 딛고 일어섰다. 그리고 프로 강사가 된 뒤에도 과연 지금 가르치는 대로 살고 있는지를 돌아본다. 그런 의지 때문인지 우리는 상상하지도 못했던, 우리를 필요로 하는 다른 국가에, 온 세상에 강의를 통해 영향력을 끼치겠다는 꿈을 이루고 있다. 우리가 남미 아마존 지역의 부족 선생님들을 가르칠 거라고 누가 상상이나 했겠는가?

강의하고 싶은 이유가 무엇인가? 자신의 경험을 전달하고 싶다거나, 강의하는 것이 멋지게 보인다거나, 다른 사람이 자신에게 말을 잘한다고 했다거나, 스스로 적성인 것 같다거나, 또는 다른 직종에 지원했다가 떨어져서 찾은 길이 강의라고 대답한다. 그런데 강의하는 사람은 자신이 말하는 대로 살기 위해 온몸을 비틀며 애쓰는 사람이어야 한다. 가짜는 솔깃하게 말할 수는 있어도 절대로 진정한 변화와 영향력을 줄 수는 없다. 그것이 강사를 바라보는 내 관점이다. 그래서 새로운 강사를 양성하기 위해서 우리는 수십 번이 넘도록 강의 구조를 설계하고 무수한 날을 연습으로 보내며 진짜 강의를 준비한다.

이 책을 읽는 강사 지망생들이 세상을 돕는 '진짜 강사'를 꿈꾸기 바란다. 진짜 강사가 되는 길을 앞으로 좀 더 이야기하겠다.

19

적고 외우고 연습하고 수정하고

강의의 첫 단계는 준비다. 제2차 세계대전의 명장이자 전 미국 대통령인 아이젠하워는 '일은 계획대로 되는 법이 없다. 그러나 계획을 세우지 않고 되는 일이 없다Plans are worthless, but planning is everything'고 말했다. 그 말에 나는 전적으로 동의한다. 그렇다. 계획하고 준비한다고 해서 그대로 되지 않고 할 수도 없다. 하지만 준비한 시간과 내용은 반드시 강의의 뼈와 살이 되어 강사를 진짜로 만들어준다는 사실은 확신한다.

나에게 처음 강의를 준비시킨 사람은 이 책의 앞부분에서 언급했듯이 「스톰프」라는 공연의 리더였던 엘리자베스 비도스이다. 그녀는 리더십 강의를 하며 교재를 펼쳐 보여줬다. 15권의 교재에 글씨가 빽빽하게 적혀 있었다.

　설마 하는 생각에 그녀에게 질문했다.

　"이걸 다 외워야 하는 건 아니겠지?"

　"처음에는 다 외워야 해. 거기 나와 있는 농담까지."

　그녀는 아주 당연하다는 듯이 대답했다.

　"의미만 같으면 되는 거 아냐? 나는 한글로 할 텐데? 농담까지 어떻게 외워?"

　어떻게든 다른 길이 있지 않을까 이리저리 머리를 굴려봤지만, 그녀는 그럴 줄 알았다는 듯 피식 웃으며 말했다.

　"나도 다 외우라는 이유를 처음에는 이해할 수 없었어. 일단 외워서 해봐."

　압박감마저 느꼈지만 결국 15권이나 되는 매뉴얼을 한 꼭지씩 외우고 강의하기를 수십 번 반복했다. 방대한 양의 매뉴얼을 외우며 놀랐던 것은 매뉴얼의 기막힌 정교함이었다. 강사의 이야기가 먹힐 경우와 먹히지 않을 경우까지 대비해서 말할 내용, 청중의 반응에 따른 다양한 제안, 다른 방식으로 같은 내용을 전할 수 있는 방법들, 심지어 농담까지 온갖 지침이 담겨 있었다.

강사로 무대에 선다는 것은
수많은 사람의
미래와 만나는 것을
의미한다.

나는 1년이 지나고 나서야 매뉴얼의 내용을 실수 없이 이야기할 수 있었고, 엘리자베스와 선배 강사들은 강의 1년 차에 접어든 나를 '베이비 강사'라고 불렀다. 그리고 2년이 지났을 즈음 입에서 단내가 나도록 매뉴얼을 반복한 결과 나도 모르게 강의에 조금씩 응용하고 바꾸기 시작했다. 그리고 나만의 스타일로 진화했고 나만의 색깔이 강의에 드러나기 시작했다.

쾌감을 느꼈다. 나는 매뉴얼을 나만의 방식대로 다시 정리했고 다른 사람의 강의에 도움을 줄 나만의 노하우를 쌓아갔다. 그리고 한국에서만 통하는 강의 비법들을 개발했다. 매번 새로운 내용을 배울 때마다 나는 그 과정을 반복했다. 농담까지 그대로 외우고 실습하고 반복하고, 수정하고 다시 외우고 실습하고 수정하고, 그러다가 나만의 원고를 시도하고 다시 외우고 실습하고 수정하는 과정. 처음에는 마치 원고를 외워서 저장한 녹음기에 지나지 않았던 강의가 색깔 있고 독특한 강의로 바뀌었다. 그렇게 몇 년을 개발하고 발전시켜서 강의 기법을 정착했다.

청중을 대상으로 하는 콘텐츠를 내 스타일로 소화하고 나니 일대일 상황의 강의 형태도 배우고 싶어졌다. 그래서 다시 상담과 코칭을 배우기 시작했다. 그때 만난 사람이 열여덟 살에 강의를 시작한 천재 비즈니스 코치 마크 류였다. 이미 몇 년 동안 강의법을 혹독하게 훈련받은 나였기에 사실 은근히 자신감을 가지고 시작했는데 며칠 만에 내 한계에 부딪쳐 눈물이 나왔다. '한 사람의 삶을 만지는 코칭을 매뉴얼처럼 진행하려 한다'는 불호령이 떨어졌다. 머리로 코칭하지 말고 상대방에게만 집중해서 이야기하라고 마크는 내게 주문했다. 전에는 외우는 것만 아니면 좋겠다고 생각했는데 이번에는 따라 할 매뉴얼을 조금이라도 주면 좋겠다는 갈증이 났다. 코칭 대상을 앞에 놓고 아무 말도 못하는 내가 너무나 답답해서 눈물이 흘렸다. 집에 돌아오면 머리가 지끈거렸고 다음 날이 되면 다시 교육장으로 나서는 발걸음이 떨어지지 않았다.

그렇게 6개월이 지난 뒤 처음으로 누군가를 코칭해봤다. 그리고 내 아내를 포함해서 주변의 친구, 친척, 동생까지 몇 년간 실제로 그들을 코칭하며 실패를 겪고 나서야 비로소 한 사람을 도와주는 개인 코칭을 이해하게 되었고 마침내 성공하였다.

로마가 하루아침에 이루어지지 않은 것처럼 강의도 그렇다. 물론 아주 드물게 강의의 천재가 나타날 수도 있다. 아주 짧은 준비만으로도 주제와 대상에 상관없이 멋진 강의를 할 수 있는 사람 말이다. 당신일지도 모른다. 하지만 강사가 되기 위해서는 충분히 준비해야 한다. 오래 준비한 강사는 현장에서도 오랫동안 할 말이 많다. 급하게 현장에 뛰어든 강사는 생명이 짧다는 것이 일반론이다. 내게 강의를 배우러 오는 사람 중에 가족의 생계나 산 입에 풀칠하기 위해 대충 빨리 배우고 강의 시장에 뛰어들고 싶어 하는 사람이 많았다. 하지만 그렇게 준비해서는 안 된다. 강사로 무대에 선다는 것은 수많은 사람의 미래와 만나는 것을 의미한다. 준비되지 않은 모습으로 함부로 말하거나, 청중의 시간을 낭비하게 하거나, 실수로 자신감을 잃어버리는 모습을 나는 수없이 보아왔다.

아무리 천재라도 수많은 사람의 시간과 에너지를 책임져야 하는 강사는 반드시 준비해야 한다. '펜'으로 준비하는 것은 물론 '몸'으로 경험하며 준비해야 수많은 청중의 '꿈'과 '미래', '배움'을 다룰 수 있는 자격이 생긴다. '제대로' 준비한 강사와 그저 청중만 상상한 강사의 차이는 너무나도 크다. 충분히 준비해도 준비한 대로 되지 않는 것이 강의이다. 내가 하고 싶은 이야기를 할 수 있다는 것은 전적으로 노력과 훈련의 산물이라는 말이다.

치열하게 준비해도 때로는 강의장이 강사에게 좌절을 안겨준다. 그러나 충분한 준비와 노력 끝에 청중이 반응할 때 강사가 느끼는 짜릿한 전율과 감동, 청중의 변화를 눈앞에서 보았을 때 밀려오는, 온몸에 소름이 돋을 정도로 엄청난 행복감은 뭐라 표현할 수 없다. 진짜 강의를 하고 싶다면 그에 걸맞은 대가를 치러야 한다. 우리 모두 알지 않는가. '인내는 쓰나 그 열매는 달다'는 것을.

20

사과가 익으려면 붉어져야 한다

나는 떡볶이 마니아다. 한 달에 한 번쯤은 '며느리도 몰라. 아무도 몰라' 그 가게에 가서 꼭 떡볶이를 먹어야 직성이 풀린다. 그런데 흥미로운 일이 생겼다. 그 단골 떡볶이집 아들과 며느리들이 같은 브랜드에 '이젠 며느리도 알아요!!'라는 문구를 넣고 같은 맛과 분위기로 장사를 시작하더니 성공 가도를 달리며 '프리미엄' 떡볶이 브랜드로 자리 잡은 것이다. 그러한 성공은 창립자인 할머니가 성공 모델을 보여주었기 때문에 가능한 일이다.

내가 강의 코칭 회사에 처음 입사했을 때, 당시 회사 대표님은 강의 시장에서 성공 모델이 될 만한 몇 분과의 만남을 주선해주고, 지속적으로 좋은 강의를 듣게 함으로써 배움을 터득하게 해주었다. 그 결과 내 강의 방식과 색깔이 일정한 톤으로 자리를 잡게 되었을 뿐 아니라 강의에 대한 믿음과 철학, 문제를 해결하는 법, 강의가 끝난 뒤의 자기 관리, 강의를 준비하는 열정, 슬럼프를 극복하는 방법 등 이루 말할 수 없는 다양한 내용을 학습할 수 있었다.

전문가들의 경험을 통해 배우다 보니 다른 강사를 볼 때에도 전문가의 눈으로 취할 것과 버릴 것을 구분할 수 있게 되었다. 우리 회사의 강사 양성 시스템도 철저하게 일종의 도제 시스템으로 운영된다. 제대로 된 '롤 모델'을 통해 배울 때 강사의 생명력과 더불어 회사의 힘도 강력해진다는 사실을 알기 때문이다.

사과는 익으려면 붉어져야 하고 김치는 익어야 맛이 나는 법이다. 우리 회사의 강사들이 숙성되어 정식으로 강의에 데뷔할 때까지 걸리는 시간은 빠르면 1년이고 평균 2년이다. 선배 강사를 보조하며 느끼는 현장감, 강의장과 차 안, 숙소에서 나누는 강의에 대한 진지한 고민과 대화 등을 통해 배우며 느끼는 것이 강의법 학습과 강의력 성장에 더없이 좋다. 좋은 선배 강사를 만나는 것이 어렵다면 가장 닮고 싶은 강사의 강의를 일단 똑같이 따라 하자.

우리 회사의 초기 멤버로 공신캠프를 개발한 우명훈 팀장은 너무 바쁜 일정 때문에 선배 강사를 볼 수 없게 되자 모든 강의 내용을 속기하고 시간이 날 때마다 선배 강사에게 질문을 던졌다. 심지어 선배 강사의 습관까지 똑같이 따라 하던 우명훈 팀장은 이제 자신만의 색깔로 청소년 기관, 대학, 기업을 아우르는 강연 시장의 멋진 강사가 되었다.

처음부터 스스로 잘하는 사람은 없다. 모델을 정하고 따라하라. 대충 따라 하는 것이 아니라 치열하고 철저하게 따라 하라. 그 사람의 습관까지. 처음부터 자기 것으로 이야기할 수 있는 사람은 많지 않다. 열심히 다른 사람들이 하는 것을 배우다 보면 자기 색깔은 자연스레 배어나오기 마련이다. 내가 매뉴얼을 열심히 외우다가 나만의 스타일을 발견했던 것처럼 말이다.

2010년 싱가포르 야후 아시아·태평양 지역 본부에서 강의 프로그램 개발 및 강사 양성을 의뢰받았다. 몇몇 국가에서 강의를 개발하고 진행한 적은 있지만 외국 기관이 우리 회사에공식적으로 요청한 것은 처음이라 떨리는 마음으로 참여했다. 강의 자체를 배우는 것도 재미있었지만 아시아 각국의 다양한 컨설턴트와 강사들이 서로 배우는 과정이야말로 최고의 경험이었다.

가장 기분 좋았던 것은 최고의 강사들이 서로의 피드백에 대해 완전히 마음을 열고 받아들일 뿐 아니라 피드백을 전달하는 시스템도 명확하다는 점이었다. 세계적인 회사라 뭔가 복잡한 동료 피드백 시스템을 가지고 있을 줄 알았는데 의외로 간단했다.

강사들은 각자 맡은 주제를 강의한 뒤 두 가지로 피드백을 전한다. 먼저 좀 더 수정하고 보완했으면 하는 점들은 'Gaps'라고 명명하고 구체적인 내용을 적고 토의한다. 'Gaps'는 기대했던 강의 수준과의 차이Gap를 의미한다. 잘 진행한 점에 대해서는 'Gems'라고 명명하고 더 잘할 수 있는 부분은 없는지 이야기하고 서로 학습한다. 'Gem'은 보석이라는 말로 강의 중 빛나게 잘했던 부분을 뜻한다. 그러고 나서 자신의 제안Advice을 조심스럽게 전달한다.

강의해본 사람들은 알겠지만 누군가의 피드백을 잘 듣고 반영한다는 것은 쉬운 일이 아니다. 조심스레 전달해도 "남의 일에 감 놔라 배 놔라 한다"며 핀잔을 듣거나 어색한 분위기가 만들어지기 쉽다. 외국 강사의 경우에도 혼을 다한 자신의 강의에 대해 부정적 피드백을 듣는 것이 즐겁지 않은 일이다. 그래서 일부러 긍정과 부정의 피드백을 긍정, 부정, 긍정의 순서로 섞어서 건넨다. 마치 쓴 약에 단맛을 입힌 당의정처럼, 가운데에 맛있는 재료가 들어 있는 샌드위치처럼 말이다.

한 마스터 강사에게 받은 내 강의에 관한 피드백을 예로 들어

강사로서 성장하는
가장 쉬운 방법은
더 많은 피드백을
받는 것이다.

보겠다.

●─ 폴, 당신은 굉장히 훌륭한 청중을 사로잡는 에너지를 가지고
    있어요. 강의 내내 사람들은 당신을 보며 유쾌하게 웃을 수 있
    었답니다. 두 번째 파트인 조직 내의 일반적 커뮤니케이션 강
    의에서는 완벽하게 내용을 전달했어요. 그때 나온 질문에 대한
    대답 역시 굉장히 정확해서 많은 사람이 고개를 끄덕였지요.
    (Gems)
    그런데 커뮤니케이션에 관한 이론적 설명을 너무 대충 넘어가
    서 사람들에게 믿음을 줄 수 없게 만들었지요. 아마도 그 부분
    을 충분히 숙지하지 못했다는 생각이 들더군요. 실습을 진행할
    때에도 학습자에게 충분한 시간을 주고 이야기를 할 수 있게
    유도하지 않았고, 피드백을 듣지 않아서 그다음 파트의 강의는
    강사와 학습자 모두에게 힘든 시간이 되었답니다. (Gaps)
    하지만 전반적으로 학습자 모두에게 새로운 조직의 커뮤니케
    이션 원칙을 확실하고 유쾌하고 경쾌하게 전달한 점은 매우 훌
    륭하게 생각합니다. 자, 그러면 부족한 부분을 어떻게 보완할
    지 이야기해봅시다. (Advice)   ─●

   2013년 9월 나는 소비에트연방에 속했던 인구 450만의 나
라 몰도바의 교육부 장관과 악수를 하고 있었다. 갑작스럽게 일

어난 일이었다. 에콰도르의 아마존 부족 선생님들을 나에게 소개한 임지성 군을 따라갔던 한 국제개발 세미나에서 농담처럼 나눈 말 한마디로 나는 몰도바의 장관을 만나고 있었다. 그때로부터 몇 개월 전 세미나를 운영하던 김관영 연구원의 "몰도바에 함께 가시죠!"라는 질문에 당황해서 "네?"라고 했던 대답 한마디로 나는 몰도바의 선생님 교육을 맡게 된 것이다. 비행기를 타고 몰도바로 가는 길에 한국어를 통역할 수 있는 사람이 없어 영어로 강의해야 한다는 이야기를 들었고, 영어 강의의 아픈 기억들이 떠올랐다. '왜 자꾸 나에게 영어로 강의를 시키나!' 하며 혼자 분노도 해보았다. 비행기에서 내릴 수만 있었다면 나는 분명 내렸을 것이다. 대한민국을 대표해서 가는 것이 아니었다면 모든 수단을 동원해서 그만두었을 것이다. 그러나 그럴 수 없었다. 강의하는 사람이 '말'을 잘 못하는 것처럼 더 큰 재앙이 있을까? "절대로 하지 않을 것이라고 하면, 반드시 하게 돼요"라고 말한 지성 군을 미워도 했지만 부질없는 짓.

　다행이라고 생각하는 유일한 위로는 다른 곳에서도 꽤나 많이 망쳐보았다는 것이다. 그리고 그 기분이 어떤지도 안다는 것. 그리고 망칠 때마다 뛰어난 강사들의 피드백을 제대로 받았다는 것이다. 그나마 최악의 상황은 아니었다. 강의를 준비할 수 있는 며칠간의 말미가 있었다. 그때 내 머릿속에 또렷하게 떠오르는 조언은 세 가지였다.

●—   1. 영어로 빨리 말하려고 하지 말 것.

2. 중요한 내용에 갑자기 생각난 다른 내용을 덧붙이지 말 것.

3. 차근차근 진행할 것.   —●

그리고 그날이 왔다. 강의장에 처음 서는 초보 강사처럼 가슴이 심하게 두근거렸다. 나는 4MAT를 이용해 질문으로 시작했다.

몰도바 사람들이 생각하는 교사, 교육, 미래에 대한 이야기가 치열하게 펼쳐졌다. 교육부 차관과 교장, 교육감들도 함께했던 수업이라 더욱 적극적으로 마음속 이야기들을 꺼내놓는듯 했다. 한국의 상황과 내 이야기도 자연스럽게 나누게 되었고, 그러다 보니 서로 도울 수 있는 점들이 보였다. 사람들의 열정적 참여를 보며 갑자기 자신감이 붙기 시작했다. 내가 도울 수 있는 점을 한눈에 볼 수 있게 알려주고 본론을 꺼냈다. 밤새 고민한 게임 형식의 실습도 성공적이었다.

마무리가 될 즈음 아쉬워하는 청중을 보며 나 역시 가슴이 뛰었다. 통역을 담당했던 분도 무척 좋았는지 나에게 안기며 사진을 찍었다. 나 역시 생애 최초로 영어 강의를 제대로 해서 기분이 무척 좋았다. 언어가 통하지 않는 곳에서 강의할 수 있었던 가장 큰 힘은 그동안 쌓인 피드백이었다. 강사가 될 자질은 타고날 수도 있다. 그러나 강사를 진짜 강사로 성장시키는 것은 끊임없는 피드백이다.

사실 '강의 좀 한다'는 강사일수록 점점 더 자신에 대한 피드백에 인색해진다. 바쁜 강의 스케줄이 곧 실력의 지표라는 자체 평가를 내리고 자신도 모르게 '잘하고 있다'는 최면 상태에 빠지게 된다. 간단한 피드백이지만 Gems와 Gaps를 통한 강의에 대한 명확하고 간단한 코칭을 듣고 나면 현재의 강의에 만족할 수 없다. 마음을 열고 강의에 관한 피드백을 갈구하라. 그렇게 한다면 강사는 한곳에 머무르지 않고 성장할 수 있다.

당신이 성장하는 가장 쉬운 방법은 더 많은 피드백을 받는 것이다. 강의 피드백을 요청하고, 피드백을 진지하게 들은 뒤 진심으로 "정말 고맙습니다. 큰 도움이 되네요"라고 말하면 된다. 정말 말도 되지 않는 피드백이라는 생각이 들어도 누군가가 강사인 당신의 성장을 위해 시간과 관심을 들인 것은 사실 아닌가? 그리고 모든 피드백은 피가 되고 살이 되기 마련이다. 피드백에 마음을 열어라. 피드백을 무시하는 강사는 성장을 멈춘다. 피드백은 강사의 성장을 위한 피와 살이다.

21

청중은 예상대로 움직이지 않는다

강의에서 적게는 수십 명에서 많게는 수백, 수천에 이르는 청중의 눈빛과 평가를 받는 사람이 강사이기에 대중을 상대하는 공연자의 마음을 어느 정도 공감할 수 있다고 생각한다. 공연하는 사람에게 공연장이 큰 배움터인 것처럼 강사에게도 강의장은 현장이자 교육장이다.

강의를 하기 전 우리는 수없이 많은 청중 데이터를 분석한다. 연령, 성비, 학력 수준, 출신 지역, 다른 강의 참석 여부 등등.

그러나 사실 아무리 준비를 한다고 해도 우리는 청중을 예측할 수 없다.

청중의 반응을 이끌어내고 청중과 호흡하는 강의를 하기 위해서는 먼저 청중의 반응을 받아들일 줄 알아야 한다. 강사가 그들에게 귀 기울이고 그들의 반응에 맞추어 강의 내용과 몸짓, 분위기를 조절할 때 청중은 강사에게 가장 위대한 스승이 되어준다. 밤새 준비한 대목에서는 아무런 반응이 없다가 기대하지 않았던 곳에서 웃음이 터지기도 하고, 갑자기 박수가 나올 때도 있고, 오히려 웃음을 예상한 시점에서 아무 반응도 하지 않아 어색해질 때도 있다. 그렇게 때로는 무심하기도 하고 때로는 내 마음까지 미루어 짐작하는 예민한 청중의 피드백이야말로 강의를 발전시키는 살아 있는 원고를 만들어준다.

우리 회사 폴앤마크에서 가장 예측할 수 없고 예측해서도 안 되는 강의는 외국인 강사의 강의다. 한국에 강의하러 올 정도면 분명 많은 사례와 경험이 있는 강사들이다.

하루는 싱가포르에서 온 CEO이자 강사이며 컨설턴트인 알렉스를 초청했다. 그는 자기 강의에 대한 자부심이 정말 강한 사람이다. 실제로도 세계적인 기업들을 컨설팅하는지라 자신 있게 강의를 시작했다. 주제는 '글로벌 비즈니스 실무 과정 Business Action Learning'이었다.

강의는 아시아 국가에서 일하는 방식을 희화화하는 것으로 시작되었다. 일본, 중국, 싱가포르, 홍콩의 예를 들면서 알렉스는 사람들의 웃음을 기대했는데 각국의 특성을 모르는 대다수의 청중은 왜 그런 이야기를 몇십 분에 걸쳐 하나 하는 표정을 짓고 있었다. 나는 그 당당한 알렉스의 눈썹이 파르르 떨리고 숨이 차오르는 것을 보았다. 잠시 멈칫하던 알렉스는 원래 말하려던 각국에 대한 설명을 포기하고 한국의 업무 방식을 그림으로 표현하기 시작했다. 그 순간 정지된 시간에서 풀려난 듯 사람들이 함께 웃으며 참여하기 시작했다. 그 후 알렉스는 모든 강의 순서와 내용을 청중의 반응에 맞게 조율했다. 강의 마지막에 사람들은 앞으로 나와 그와 악수를 나누며 고마움을 전했다. 알렉스는 청중의 피드백을 읽어낸 것이다.

한번은 폴앤마크에서 그림으로 창의력을 가르치는 외국인 강사 크리스틴의 '창의적 문제해결을 위한 그림 그리기Creative View' 통역 강의를 진행했다. 첫 번째 그림을 그린 뒤 크리스틴은 청중에게 질문을 던졌다. "이 과정을 통해 무엇을 배웠나요?" 크리스틴은 손을 들고 이야기하는 청중을 기대한 것 같았다. 그러나 청중은 땅바닥에 무언가를 떨어뜨린 듯 시선을 피했고, 강의장의 온도는 급격하게 떨어졌다. 청중의 피드백에 반응을 해야 했다.

나는 통역을 멈추고 크리스틴을 바라보며 "Welcome to Korea!"를 외쳤다. 폭소가 터졌다. 그리고 크리스틴 말고 자기 옆에 있는 사람에게 무엇을 배웠는지 이야기할 것을 제안했다. 그러자 강의장에 화기애애한 에너지가 돌기 시작했고, 심지어는 누군가 손을 들고 자발적으로 발표했다.

　종종 강의를 듣다 보면 청중의 반응과는 상관없이 진도를 빼는 강사를 보곤 한다. 청중의 반응을 감지하는 것이 두려워 감지 센서를 꺼버린 강사다. 청중을 읽고 반응하지 않으면 강의는 생동감을 갖기 어렵다. 과거에 성공한 적이 있는 강의를 똑같이 반복한다면 아무도 듣지 않는 지루한 강의를 하게 될 수도 있다.

　예측할 수 없는 청중에 반응하여 강의할 때 강의는 살아 있는 드라마가 되고 기억에 남는 이야기가 된다. 현장의 반응에 당황하여 얼굴이 빨개지더라도 놀라지 말자. 청중은 기계가 아니기 때문에 예상은 늘 빗나가기 마련임을 잊지 말자. 청중의 반응을 즐겨야 한다. 나는 강의를 배우는 사람들에게 늘 이야기한다.

　"절대로 청중을 예상하지 마세요. 청중이 웃으면 웃는 거고, 박수 치면 박수 치는 거고, 반응이 없으면 없는 겁니다."

　예측이 100퍼센트 맞으면 좋겠지만 그렇지 않은 상황이 더 잦을 것이다. 예측이 빗나가는 순간, 에너지에 미묘한 빈틈이 생긴다. 예측하지 않은 빈틈에 당황하면 결국은 강의의 전체 흐름을 망치고 만다. 빈틈을 즐기고 새로운 시도를 하다 보면 강의는 생명력 있는 걸작이 된다. 새로운 시도를 멈추지 말자. 늘

똑같은 이야기만 하는 강사가 되기 싫다면 말이다. 멋진 강의를
꿈꾼다면 늘 청중을 새롭게 맞이하라.

CHAPTER
8

나 는   강 사 다

전문 강사가 된 지금, 내가 생각하는 강사의 자격 조건은 경력도 학력도 경험도
자격증도 아니다. 수많은 청중 앞에 서는 강사의 자격은 사람을 향해
미치는 것이다. 누군가를 가르침으로써 돕는 일에 미칠 듯한 간절함과 보람을
꿈꾸고 기도해야 한다. 지금 이 책을 읽고 있는 당신이 현업 강사인지,
강사를 희망하는 지망생인지 나는 알지 못한다. 그러나 최소한 강의법에 관심을 갖고
이 책을 펴든 당신에게 내 간절한 기도가 전달되어 진정으로 사람의 마음을 만지고,
인생의 길을 찾도록 돕는 '진짜 강사'가 되는 꿈을 꾸기 바란다.

22

안녕하세요, 강사 최재웅입니다

2005년 나는 강의 코칭 회사에 입사했으니 강의를 할 수 있을 거라고 생각했다. 회사 웹사이트에 홍보된 여러 유명 기업과 정부 기관들의 로고를 보고 그곳에서 강의하게 될 것이라고 믿었다.

순진함을 넘어서 무지했다. 대학 시절 몇 번의 수상 경력으로 하루아침에 프로 강사가 될 것이라고 믿었다. 자신감과 열정이 넘쳤다. 그리고 곧 그렇게 될 것이라 믿으며, 작은 신생 강의 코칭 회사에서 영업과 강의 보조, 번역과 통역, 웹페이지 기획, 프로그램 개발까지 모든 것을 했다. 그러다가 그게 주 업무가 되었다. 열심히 했더니 호시탐탐 노리던 팀장이 되었다. 그런데 막상 그렇게 바라던 팀장이 되고 나니 '왜 그렇게 팀장이 되기 바랐을까' 하는 생각에 빠져들었다. 그냥 되고 싶었나 보다. 자꾸 올라가고 싶었나 보다. 마치 초등학생이 중학생이 되고 싶고, 고등학생이 대학생이 되기를 바라는 것처럼. 되고 나면 사실 별것도 아닌데 말이다. 무엇이 된다는 것은 반드시 대가를 치러야 함을 알면서도 나는 왜 그토록 바랐을까?

아직 강사가 아니던 그 시절, 강의할 분의 보조 인력으로 강의장에 갔는데 누군가 모르고 나를 '강사님'이라고 불렀다. 갑자기 머리에 불이 들어왔다.

'그래, 나는 바로 강사가 되고 싶었던 거지!'

그런데 강의는 허락받지 못했다. 너무 어린 데다 경험도 경력도 없다는 게 이유였다. 그래도 기회만 오면 경력을 뛰어넘는 내 재능을 보여줄 수 있을 것이라고 믿었다. 그러다 기회가 생기지 않을 것 같아 두렵기도 했고, 너무 오래 강의가 아닌 지원 업무만 하다가 갈 길이 바뀌어서 평생 강의를 하지 못할 지도 모른다는 생각이 들기 시작했다. 회사에 소속된 강사가 강단에 설 때마다 저 사람보다 내가 더 잘할 수 있다는 마음에 답답함과 섭섭함이 점점 더 커졌다. 나이가 어리다는 이유로 지금 할 수 있는데 포기하는 게 억울했다. 선배의 말대로 적어도 한 10년은 잠잠히 나이도 들고 경험도 넓히고 경력도 쌓은 생긴 뒤에야 비로소 강의를 한다는 것이 싫었다. 내일 죽을지도 모르는 게 인생인데 말이다. 그래서 기도했다.

"저를 강의하는 사람으로 만들어주세요. 제가 강사가 되면, 대가를 보고 강의하지 않겠습니다. 진짜 나를 필요로 하는 사람들에게 힘을 다하겠습니다. 매 순간 한 사람 한 사람의 변화를 기도하며 강의하겠습니다."

나를 '강사님'이라고 불러준 그 아름다운 사람의 말을 발화점 삼아 나는 사장님 강의 중에 무턱대고 끼어들어 강의하는 사고를 한 차례 쳤다. 또 한번은 이사님이 강의 도중 힘들다고 한 말을 핑계로 이사님 강의 중에 난입해 함부로 강의하는 사고를 쳤다. 내 간절한 마음이 전달되었는지 잘리지는 않고, 두 손 두 발 다 든 회사가 내게 강의를 배울 기회를 주었다. 그때부터 나는 나를 강사로 팔기 시작했다. 안 팔려도 행복했다. 내게 강사가 되는 것은 간절함이고 꿈이었고 기도였으니까.

그렇게 강의를 시작했고 프로 강사로 활발하게 활동하던 2006년 어느 날, 종종 강의 기회를 줬던 회사의 최경희 대리에게서 전화가 왔다. "저, 죄송한 부탁이 있는데요"로 시작해, 경북 안동에 있는 실업고 학생들에게 강의할 사람이 필요한데, 강사비가 너무 적고 거리가 멀어서 아무도 가려고 하지 않는다고

전문 강사가 된 지금,
내가 생각하는 강사의 자격 조건은
경력도 학력도 경험도
자격증도 아니다.

하소연을 했다. 설상가상으로 그곳 학생들에게 강의하는 것 자체가 힘든 일이라고 그 학교 선생님들이 엄포를 놓은 상황에서 내게 연락한 것이었다. 그때 내 마음이 조금씩 흔들렸는데, 강의를 부탁하는 최경희 대리의 간절한 마음 때문이었다. 최경희 대리는 미래에 대한 준비도 안 되어 있고, 자신감도 낮고, 앞으로 닥칠 문제에 대해 무방비인 학생들을 도와달라고 진심 어린 요청을 했다. 돌아볼 필요도 없었다. 가야할 곳이었다. 그래서 말이 끝나기 무섭게 대답했다.

"네, 제가 갈게요. 꼭 보내주세요. 꼭 도움이 되고 싶습니다."

연락을 받을 때까지만 해도 전교생을 대상으로 한 강의라는 것도 몰랐고, 신발을 벗고 들어가는 큰 실습실에서 강의해야 하는 사정도 몰랐다. 프로젝터도 없고 마이크도 없는 곳에서 150명이 넘는 학생들을 대상으로 하루에 10시간 이상 강의하게 될 줄 몰랐다. 그러나 그런 것이 뭐 그리 중요하겠는가. 누군가에게 나와 같은 사람의 이야기가 진심으로 필요하다면 어디인들 못 가겠는가. 마이크가 없으면 있는 힘껏 소리를 지르고, 프로젝터가 없으면 칠판에 쓰고, 학생들이 집중하지 않으면 춤을 춰서라도 집중을 시키면 된다고 생각했다. 다만 최선만 장담할 수 있고 결과는 장담하기 힘들었다. 학생들에게 내 이야기를 전달할 수 있도록 시간을 더 달라고 부탁했다. 그리고 안동에 내려갔다.

학년마다 하루 12시간씩 3일 동안 학생들을 만났다. 그때 내가 강조한 내용은 어느 누구도 내가 가진 돈이나 학벌, 지식으로 나를 함부로 판단하게 두지 말아야 한다는 것, 여러분 모두는 소중하고 위대한 존재라는 것, 우리 모두 자신을 사랑하고 행복한 사람으로 살 수 있다는 것이었다.

첫째 날 강의가 끝났을 때 강의를 들은 한 학년 전체 학생들이 문 밖으로 나와 인사했다. 온몸에 소름이 끼쳤다. 둘째날 강의가 끝나고 한 학생이 어머니가 운영하는 그 유명한 안동찜닭집에 나를 초청해 식사를 대접했다. 내 생애 가장 맛있는 찜닭이었다. 마지막 날, 한 층 한 층 걸어 내려올 때마다 학생들이 교실 밖으로 나와 인사했다. 꿈만 같았다. 아니, 꿈이었다. 3일 동안 40시간 가까이 강의했는데 전혀 힘들지 않았다. 몸 어디에선가 에너지가 뿜어 나오는 것 같았다. 그렇게 강의하다가 죽어도 좋을 만큼 행복했다. 강사비는 내가 다니던 회사의 이러저러한 사정으로 받지 못했다. 강사비로 내 진심과 최선이 환산되는 것을 보지 않아 다행이라고 생각했다.

그때 나를 불러준 고마운 사람 최경희 대리는 우리 회사의 창업 멤버가 되고, 나를 도와준 아르바이트생 한영미 씨는 우리 회사의 스태프로 입사했다. 그때 내가 했던 기도가 떠올랐다. 처음으로 내가 진짜 강사가 된 것 같았다.

이제 전문 강사가 된 내가 생각하는 강사의 자격 조건은 경력도 학력도 경험도 자격증도 아니다. 수많은 청중 앞에 서는 강사의 자격은 사람을 향해 제대로 미치는 것이다. 누군가를 가르침으로써 도와주는 일에 대해 미칠 듯한 간절함과 보람을 꿈꾸고 기도해야 한다. 지금 이 책을 읽고 있는 당신이 현업 강사인지 강사를 희망하는 지망생인지 나는 알지 못한다. 그러나 최소한 강의법에 관심을 갖고 이 책을 펴든 당신에게 내 간절한 기도가 전달되어, 진정으로 사람의 마음을 만지고 인생의 길을 찾도록 돕는 '진짜 강사'가 되는 꿈을 꾸기 바란다.

나는 대한민국의 강사, 최재웅이다.

23

진짜 강의에는 진짜 답장이 있다

요즘 소위 스타 강사라고 불리는 분들은 강의 평가 외에도 강의가 끝난 뒤 문자나 전화, 각종 SNS로 청중에게 셀 수 없는 감사 메시지를 받는다. 그러나 무수한 인정과 감사, 축하에도 알 수 없는 공허함을 느끼는 이유는 마치 공연이 끝난 것 같은 강의 끝의 허무함뿐 아니라 만나는 사람들이 대부분 일회적으로 스쳐 지나가기 때문이다. 또한 늘 반복되는 인사치레는 사람을 지치게 한다. 설사 청중은 진심이라 할지라도 말이다.

한때 강의가 끝나고 나면 마치 공연을 끝낸 사람이 허탈함을 느끼는 것처럼 심각하게 쓸쓸해져 폭식을 한 적이 있다. 악순환이 반복되다 보니 1년도 되지 않아 20킬로그램 넘게 살이 찐 적도 있다. 강의가 날마다 반복되다 보니 '내 삶은 어떻게 되는 걸까?' 하는 회의에 빠진 적도 있다. 강의 한 번 할 때마다 삶을 토해내듯이 에너지를 쏟아봤자 강의장에서 만난 사람들은 그때뿐이라는 자조도 했다. 쏟은 에너지만큼 마음이 허해져 잠을 제대로 이루지 못했다.

그러던 어느 날 꿈을 꾸었다. 꿈속에서 내 삶은 일주일밖에 남지 않았다. 꿈속의 나는 마지막을 준비하며 무엇인가를 하고 있었다. 어딘가에 서 있었다. 강의장이었다. 사랑하는 사람들을 불러 모아 나는 내 삶의 마지막 강의를 하고 있었다. 2010년에 꾼 꿈이다. 그리고 그해 진짜로 작은 공연장을 빌려 「마지막 강의」라는 이름으로 사랑하는 사람들을 초청해 강연 콘서트를 열었다. 후배에게 녹화해서 내 장례식 때 꼭 틀어 달라고 했다.

내가 생각하는 강의는 쇼가 아니다. 내게 가르침을 준 선생님들의 영향 때문인지 강의는 최선을 다해서 살아야 할 내 삶 자체라는 것을 깨닫게 되었다. 그 길에서 죽어도 좋을 일이라고 생각했다. 누군가 알아주지 않아도 나 스스로 하고 싶은 그런 일이라는 것을 알았다. 내 마음을 바꾸고 나니 청중, 특히 학생들 반응이 달라졌다. 나는 그들의 삶에 도움이 되기를 바랐고,

그들은 나에게 다가왔다. 일회성 강사에게는 맺기 어렵다는 신뢰도 사제 관계도 생기기 시작했다.

하루는 내 강의를 들은 사람에게서 페이스북 메시지로 연락이 왔다. 미국 코넬 대학교에서 공부하고 있는데 교수법 강의를 해줄 수 있는지 묻는 정중한 부탁의 메시지였다. 놀라서 처음엔 웃음이 났는데 진심으로 했던 강의에 대한 답장임을 깨닫고 울컥했다. 진심으로 건넨 메시지에는 답장이 있다.

하루는 강의를 들었던 한 후배와 집에서 코넬대의 초청을 받아서 행복하다는 이야기를 나누고 있었는데 "그럼, 우리 대학에도 와주세요"라며 강의 요청을 했다. 역시 처음에는 웃음이 나왔다.

글을 쓰고 있는 지금 나는 후배가 다니는 컬럼비아 대학교에 강의하러 왔다. 신기하다. 누군가는 그토록 간절히 바라는 일들이 나에게는 거짓말처럼 자연스럽게 일어나고 있다. 거짓말 같은 이야기가 가능한 것은 내가 오랫동안 한 가지 꿈을 꾸며 나를 만들어왔기 때문이라고 생각한다. 내 강의를 들었던 수많은 청중에게 내 삶 전체를 걸고 진심으로 다가가려고 했기 때문이리라. 요즘 나는 그 청중이 내게 신뢰를 돌려주고 있음을 온몸으로 느끼고 있다.

강의하려는 사람들에게 진심 어린 강의에 주는 답장을 설명할 때마다 빠뜨리지 않는 일화가 경상도의 한 대학교와 관련된

강의는
최선을 다해서 살아야 할
내 삶 자체라는 것을
깨닫게 되었다.

것이다. 그런데 2011년 나는 그 대학과 관계를 정리했다. 이유
는 단순했다. 담당자가 바뀌었고, 서로 바라고 기대하는 바가
맞지 않았다. 학교에서 강의 사업을 중단해 수익을 잃은 것보다
수년간 학생들의 변화를 꿈꾸며 함께 울고 웃던 추억들로 마음
한편이 아렸다. 오랜만에 허무함이 다시 찾아왔다. 그나마 사업
이 끝난 뒤에도 종종 우리 강의를 들은 학생들이 찾아와 위로가
되었다.

몇 개월이 지나 그 대학에서 다시 강의 요청이 들어왔다. 몇
개월 만에 사업 주체가 바뀔 리는 만무하여 이상해서 알아보니
학교 측이 아니라 학생들의 요청이었다.

무슨 일인지 연락해보고 각 단과 학생회 회장들의 요청이라
는 것을 알았다. 강의를 들었던 선배들이 이구동성으로 나를 추
천했고, 신입생들에게 꼭 들려주고 싶어서 오리엔테이션의 유
일한 강사로 나를 초청했다는 것이다. 공대 회장이 연락하더니
인문대 회장, 급기야는 디자인대 회장에게까지 연락이 왔다. 학
생회장들은 부족한 강사비에 미안해하며 여기저기서 돈을 모아
내 강사비를 주겠다고 했다. 디자인대 학생회장은 학생회비가
없어 자신이 아르바이트해서 번 돈으로 내 강사비를 준비했다.
물론 받지 않았다. 정말로 도움이 필요해 내 강의를 듣고, 사회
에 나가 당당하게 살고 있는 친구들에게 일일이 연락해서 신입
생들을 위한 영상을 만들었다. 그들에게 연락한 뒤 일을 크게

벌였다 싶었지만 학생들이 알아준 내 진심에 대한 나의 보답이었다. 전국에 있는 그들 선배들을 만나고, 강의를 함께 기획하고, 원고를 작성하고, 짬을 내어 신입생들에게 힘이 될 영상을 찍었다.

마지막으로 모든 강의 스케줄을 조정해서 부산으로 내려가 2,000여 명의 새내기들을 만났다. 지난 몇 년간 내가 쏟아부은 진심 어린 열정에 대한 답장이었다. 나는 온힘을 다해 그들에게 새로운 이야기를 시작했다. 파김치가 되어 돌아오는 차안에서 나는 세상에서 가장 행복한 강사가 되어 있었다. 진짜 강의에는 진짜 답장이 있다.

24

스타 강사보다 진짜 강사가 **돼라**

지금까지 풀어놓은 수없이 많은 진심의 증거 때문인지 잘나가는 강사이자 좋은 기업의 교육 팀에서 별 문제없이 잘 살던 두 여성, 창업 멤버인 박다임 이사와 최경희 이사가 사무실도 없는 내 회사에 합류했다. '진짜'가 되고 싶어 '울컥!' 하는 마음에 세운 회사 때문에 2년을 함께 힘들게 지냈다. 우리 셋은 당시 집에 있던 금까지 내다 팔며 대출과 마이너스 통장에 시달렸다. 2년이면 꽤 긴 시간인데, 어느 누구도 결코 포기하지 않았다. 지금 돌아봐도 참 잘한 일이라고 생각한다. 그래도 누군가 우리처럼 '진짜'가 되려다가 힘만 들까 봐 실질적으로 도움이 되는 이야기를 하겠다.

● **바라는 것만으로는 부족하다**

'간절히 바라면 이루어진다'는 긍정의 힘을 부정하는 것은 아니지만, 그저 '나는 강의를 잘할 수 있어!'라고 믿고 간절히 바라는 것은 중요하지만, 바라기만 하는 것으로는 좋은 강사가 될 수 없다. 물론 간절하게 원하는 것도 중요하지만 강의하는 사람으로서 자신을 냉정하게 분석하는 것이 필요하다.

전문적으로 강의하고 싶은 대부분의 지원자들이 자신에 대한 객관적 검토나 검증 없이 현장에 뛰어들어 좌절에 빠진다. 회사에서 일을 하는 것과 강의를 하는 것은 정말 큰 차이가 있다. 회사에서는 선배가 기술도 가르쳐주고, 경험도 나누며, 뛰어나지 않더라도 할 일이 분배된다. 그러나 강사는 역량이 없으면 아무도 불러주지 않는다. 누군가에게 객관적인 검토를 받아야 자신이 어디에서 시작하고, 어디까지 가야 하는지 알 수 있다. 타고난 재능을 가진 사람도 객관적인 자기분석과 검토를 통해 더 좋은 강사로 거듭날 수 있다.

● 강사로서의 재능을 누가 어떻게 어디에서 인정했는가

전설적인 농구 코치 필 잭슨은 은퇴하면서 "재능은 개발되기보다 타고나는 것이나"라고 말했다. 더불어 자신의 리더십 역시 재능 있는 선수를 만났기에 빛날 수 있었다며 선수들에게 고마움을 돌렸다. 대중 앞에서 내 이야기를 풀어내는 것은 분명 재능의 문제이다. 물론 재능을 넘어서는 의지와 노력도 존재한다. 먼저 객관적 증거를 모아서 자신의 위치를 파악하자. 만약 증거가 부족하다고 생각하면, 강의할 수 있는 기회를 만들어서 평가를 받아라.

● 도와줄 수 있는 선배 강사를 잡아라

혼자서 잘할 수 있는 일은 없다. 이미 강의를 하고 있는 사람들을 찾고 따라다녀라. '서당 개 삼 년이면 풍월을 읊는다'는 말은 괜한 말이 아니다. 선배들의 경험을 통해 자신이 강사가 될 수 있는지 가늠하고 분석해야 한다.

● 원하는 만큼 투자해라

공짜로 얻을 수 있는 것은 없다. 유료 세미나와 강좌에 참여해라. 가격이 모든 것을 말하지는 않지만 적어도 유료 강의와 무료 강의에는 배움의 차이가 있다. 아주 실망스러운 무료 세미나에 참여하는 것은 좋은 강사가 되고 싶은 사람에게 가장 큰 손실이고 잘못된 투자이며 시간 낭비이다. 강사가 되고 나면 오히려 다른 강의나 세미나에 참여하는 게 쉽지 않다. 쉼없이 다른 강의와 강연에 참여하고 배우자.

● 스스로 강의 기회를 만들어라

강사가 되기 위해 준비하고 6개월이 넘도록 아무도 불러주지 않았다. 결국 나를 알리기 위해 이곳저곳에 연락을 해보았지만, 검증되지 않은 나를 불러주는 곳은 없었다. 결국 대가가 없어도 좋으니 기회라도 달라고 부탁하고 다녔다. 그러던 중 계속 연락을 하던 국내 한 그룹사에서 내 전화가 지겨웠는지 불러주었다. 무슨 일이 생길지 몰라, 참여하는 사람들이 볼 교재와 펜까지 준비해서 갔다. 나를 불러준 분이 "정말 대가가 없어도 되는 거죠?"라며 재차 확인을 하더니, 그날 각 부서를 돌아다니며 2시간씩 4회의 강의를 시켰다. 강의를 마치고 회사를 떠날 때 "고맙습니다"라는 말을 들었다. 남은 교재를 들고 집에 오는 길에 묘한 기분이 들었지만 그 일은 내게 한없이 소중한 경험이 되었다. 남들이 불러주지 않으면 강사로 서지 못한다. 온 힘을 다해 강의할 수 있는 기회를 만들어야 한다.

● 스타 강사 말고, 진짜 강사가 돼라

2002년 한일 월드컵이 끝나고 이영표 선수의 인터뷰 중 한

좋은 강사는
스스로 스타가 되는 것이 아니라
다른 사람을 스타가 되도록
도와주는 사람이다.

장면이다.

"우리나라가 세계 4강이라는 놀라운 성적을 거두었습니다. 계속 좋은 성적을 유지하려면 어떤 선수가 필요할까요?"

아나운서의 질문을 받은 이영표 선수는 잠시 머뭇거리더니 이렇게 답했다.

"우리나라에는 좋은 선수가 아니라 좋은 선수를 길러내는 코치가 더 필요합니다."

축구를 잘하는 것과 축구를 잘하도록 가르치는 것은 다르다는 말이다. 일을 잘하는 사람과 잘하도록 가르치는 사람의 역할과 역량은 다르다. 이영표 선수의 답변에 내가 생각하는 강사, 선생님의 본질이 들어 있다. 강사는 가르치는 사람이다. '좋은 선수'를 길러내는 사람이라는 말이다.

그런데 이 시대의 많은 강사는 스스로가 '스타 강사'가 되고 싶어 한다. 하지만 좋은 강사는 스스로 스타가 되는 것이 아니라 스타가 되도록 도와주는 사람이어야 한다. 나보다는 나에게서 배운 사람이 더 빛나도록 하는 사람이어야 한다. 그래서인지 나는 '스타 강사'라는 말과는 도무지 친해지지 않는다. 부디 이 책을 읽는 모든 분이 자신이 '스타'가 되기를 꿈꾸기보다 '진짜' 강사가 되어서 세상 모든 사람을 더 빛나게 하는 사람이 되기를 바란다.

당신의 이야기는 이미 시작됐다

65만 원이었다.

첫 회사를 나와 강의 코칭 회사를 세웠을 때 내 손에 쥔 돈의 전부.

아내와 결혼할 때 내 통장에 찍힌 액수.

아내는 '충분'하다고 했다.

가난한 나를 멋지다고 했다.

65만 명이란다.

우리 회사가 진행하는 에콰도르 교육개혁이 영향을 준 사람이.

나답지 않게 숫자에 찡했다.

내 강의는, 내 이야기는, 내가 부유하지 않아서 시작되었다.

가진 게 없어서 이야기가 생겼다.

실패하다 보니 성장했다.

처음은 한 명이었다. 한 명의 고객.
나를 믿어주고 지지하고 사랑해주는 사람 아내.
하고 싶은 일은 아직도 하나다.
진심 어린 강의로 세상을 바꾸는 것.

그러다가 한 사람이 씨앗이 되어 한 명씩 청중이 생겼다.
한 번에 이루어지지 않아서 더 흥미진진했다.

실수도 많이 했다.
돈을 위해 진심을 바꾸기도
앞에서 웃고 뒤에서 욕하기도
꿈보다 밥이 급해서 되는 대로 살기도 했다.

완성돼서 강의하는 사람은 없다.
오히려 강의하면서 완성된다.
사람을 진정 돕고 싶은 마음을 잊지 않는다면 말이다.

우리 모두는 완성되지 않았다.
우리 모두는 실수한다. 그러나

우리 모두는 꿈꾸기를 원한다.

그래서 우리 모두는 이야기한다.
그래서 우리 모두는 잠재적 강사다.

미래의 강사인 여러분을 응원하며.

끝.

비 전 을 실 현 하 는 힘

강의력

초판 1쇄 발행   2013년 12월 12일
2판 1쇄 발행   2020년   3월 20일

지은이 최재웅
발행처 주식회사 폴앤마크
출판등록 제2011-000024호
주소 경기도 성남시 분당구 황새울로360번길 21 902호
      (서현동, 신영팰리스타워)
전화 031-718-0199(연구소 070-4848-0512)
팩스 031-718-0190
이메일 info@paulnmark.com

ⓒ 최재웅, 2013, 2020
ISBN 979-11-966130-1-3 02370